선택한다는 착각

일러두기

1. 외래어 표기는 국립국어원의 외래어표기법을 따랐으나, 일반적으로 굳어진 표기는 존중했다.
2. 단행본은 『』, 신문이나 잡지 등의 정기간행물은 《》, 시나 논문은 「」, 영화나 드라마 제목은 〈〉로 묶었다.
3. 이 책의 마지막 부분에 소개된 저자의 추천 도서는 모두 국내에 출간된 책들로, 제목과 저자명은 따로 병기하지 않았으며 최신판을 기준으로 출간 연도를 기재했다.

선택한다는 착각

괘씸하지만 속을 수밖에 없는
16½가지 마케팅 심리학

리처드 쇼튼 지음 | 이애리 옮김

한스미디어

이 책에 쏟아진 찬사

"이 책을 읽기 전에는 누구도 레이아웃 패드나 키보드 앞에 앉지 마라. 이 책은 지루할 정도로 직접적이고 업무적인 특성을 보이는 현대 마케팅을 위한 해독제이다."

로리 서덜랜드Rory Sutherland, 『잘 팔리는 마법은 어떻게 일어날까?Alchemy』의 저자, 오길비Ogilvy의 부회장

"이 책은 당신의 업무 능력을 향상시킬 것이다. 행동과학 혹은 행동과학을 적용하는 방법을 이해하려 한다면, 다른 책을 더 찾아볼 것도 없다. 쇼튼이 당신을 위해 이 모든 수고를 대신 해주었다. 몇 번이고 반복해서 읽을 수 있도록 손이 닿을 수 있는 거리에 책을 두자."

조나 버거Jonah Berger, 펜실베이니아대학교 와튼스쿨의 마케팅 교수이자 세계적 베스트셀러 『컨테이저스: 전략적 입소문Contagious』의 저자

"사람들은 때로 인지적 편견으로 인해 놀라운 행동을 보이곤 한다. 이 책은 이 같은 심리 편향과 그것을 적용하는 방법을 간단하

고 실용적으로 전달하는 지침서다. 마케터라면 모두 읽어야 할 필독서."

매튜 사이드Matthew Syed, 올림픽 탁구 국가대표 선수 출신의 저널리스트, 『블랙박스 시크릿Black Box Thinking』의 저자

"어떤 책들은 인상적이지만 복잡한 전문 용어로 쓰여 있다. 이 책은 유용하고, 놀랍고, 실용적이며 그렇기에 평범한 언어로 쓰여 있다. 화상 통화에서 당신의 머리 뒤로 보이던 다른 책들은 책꽂이에 꽂힌 상태가 어울린다. 당신이 실제로 사용할 책은 이 책이다."

데이브 트로트Dave Trott, 크리에이티브 디렉터, 글로벌 비즈니스 매거진 《캠페인Campaign》의 칼럼니스트, 다수의 광고 에이전시 설립자

"세계와 소비자에 대한 리처드의 접근 방식은 근본적으로 다르며 믿을 수 없을 만큼 과학적이다. 마케팅은 보통 과학보다는 마술에 가깝지만, 리처드는 어디에서 과학을 찾을 수 있고 비즈니스의 모든 측면을 개선하기 위해 과학을 어떻게 적용할 수 있는지 우리에게 보여준다. 그의 첫 책『어떻게 팔지 답답할 때 읽는 마케팅 책』는 언제가 내가 가장 좋아하는 책이며, 이 책도 마찬가지다. 진정으로 고객을 이해하고 싶다면 이 책을 꼭 읽어보자."

제임스 와트James Watt, 영국 최대 규모의 수제 브루어리 BrewDog 창립자

"이 책은 잘 알려지지 않은 연구를 읽기 쉬운 방식으로 설명하며 소비자와 기업에게 제품의 설득력에 관한 통찰을 제공한다."

니르 이얄Nir Eyal, 『훅: 일상을 사로잡는 제품의 비밀Hooked: How to Build Habit-Forming Products』의 저자

"이 책은 도발적이고 실용적이다. 쇼튼은 최고의 행동과학 연구를 활용해 비즈니스를 개선할 수 있는 놀라운 방법을 보여준다."

세스 스티븐스-다비도위츠Seth Stephens-Davidowitz, 《뉴욕타임스》 베스트셀러 『모두 거짓말을 한다Everybody Lies』의 저자

"행동 경제학을 마케팅에 적용하는 짧은 지침서인 이 책은 재미있고 유용하다. 무수한 전략이 담긴 작지만 훌륭한 책!"

레스 비넷Les Binet, 광고 대행사 adam&eveDDB의 효율성 책임자

"이 책을 읽으며 많은 것을 배웠고, 그 과정에서 매우 즐거웠다. 매력적이고 철저하며 대단히 실용적인 이 책은 복잡한 세계에서 행동을 형성하는 심리 역학을 설득력 있게 설명하는 지침서이다."

나탈리 니하이Nathalie Nahai, 『끌리는 온라인 마케팅Webs of Influence』 저자

"사람들은 '2년차 징크스'를 깨기 어렵다고 이야기한다. 이 책은 아니다. 리처드가 또 해냈다."

필 바든Phil Barden, 『무엇을 놓친 걸까: 사람 심리에만 집착하고 뇌과학 따위는 무시할 때 마케팅이 놓치는 것들DECODED: The Science Behind Why We Buy』 저자

"리처드는 비즈니스와 그 밖의 분야에서 우리가 일상에서 내리는 결정을 유도하는 무의식적인 심리 편향과 동기에 관해 똑똑하고 재미있고 매우 실용적인 책을 썼다. '일상 속의 하루'라는 영리한 장치를 통해 학문적 실험과 현실 세계의 이야기가 접점을 찾는데, 이는 독자들이 내용을 이해하고 진정한 인사이트를 얻게 해준다. 나는 인간의 행동을 이해하고 그것을 비즈니스 결정에 적용하고자 하는 사람들에게 주저 없이 이 책을 추천할 것이다. 글로벌 기업의 CEO 혹은 CMO뿐 아니라 소규모 스타트업 혹은 규모를 키우고 싶은 리더십 팀에게도 똑같이 유용한 책이다."

아멜리아 토로드Amelia Torode, TBWA의 전 CSO 및 컨설팅 회사 Fawnbrake Collective의 창립자

들어가며

마가린은 왜 하필 노란색일까? 아마 제조 공정 때문에 그럴 것이라고 짐작하는 사람들이 많을 테지만, 처음 세상에 나왔을 때 마가린은 미색이었다. 유난히 색감이 민감한 사람은 회색이라고도 할 만한 색이었다.

현재 우리에게 익숙한 색으로 바뀐 건 나중의 일이다. 1940년대 침체된 매출을 올리기 위해 굿럭마가린Good Luck Margarine이 고용한 우크라이나 출신의 심리학자 루이스 체스킨Louis Cheskin이 주도한 한 실험의 결과였다.

그는 소비자들이 마가린 대신 버터를 선택하는 이유를 이해하기 위해 한 가지 실험을 했다. 지역 주부들을 점심시간 강의에 초대했고, 강의가 시작되기 전에는 뷔페를 제공했다. 화려한 음식은 없었다. 삼각형 모양의 하얀 빵과 차가운 버터 조각이 전부였다.

강의가 끝난 후 체스킨은 참석자들과 편안한 분위기에서 이야기를 나눴다.

"강의는 재미있으셨나요?"

"강의 시간이 너무 길진 않았나요?"

"제 옷차림은 적절했나요?"

"아, 그리고 마지막으로 한 가지만 더 물어 볼게요… 음식은 어떠셨나요?"

체스킨은 마가린과 버터를 번갈아 내놓으며 이 실험을 6번 반복했다. 결과는 두 스프레드의 지배적인 의견과 일치했다. 사람들은 버터보다 마가린을 훨씬 더 박하게 평가했다.

하지만 여기엔 반전이 있었다. 실험에서 그는 마가린을 노랗게 물들인 다음 버터라고 라벨을 붙였으며, 버터는 하얀색으로 물들인 다음 마가린이라고 라벨을 붙였던 것이다. 참가자들이 마가린을 기름진 것으로 폄하했을 때 사실 그들이 이야기한 대상은 버터였다.

체스킨이 부린 속임수의 목적은 마가린에 대한 선호도가 우리의 기대감으로 결정된다는 것을 증명하려는 데 있었다. 색깔부터 냄새, 포장까지 모든 경험적 요소가 우리의 기대와 맛 평가에 영향을 미쳤다. 체스킨은 이 현상을 '감각 전이sensation transference'라고 이름 붙였다.

체스킨은 자신의 이론을 활용해 굿럭의 마케팅팀에 몇 가지 제안을 했다. 가장 중요한 내용은 마가린의 색을 미색에서 노란색으로 바꿔 버터와의 연상 작용을 통해 이득을 보자는 것이었다.

이 전략을 활용한 건 굿럭뿐만이 아니었다. 다른 마가린 브랜드들도 신속하게 노란색으로 색깔을 바꿨는데, 그러자 판매량이 급증했다. 1950년대 마가린은 버터의 인기를 능가했으며, 50년 넘게 그 자리를 지켰다.

굿럭의 접근 방식은 한때 전형적으로 여겨졌다. 많은 브랜드가 심리학자를 정기적으로 고용해 그들이 판매량을 늘리기 위해 무엇을 할 수 있는지 이해하려 했다. 체스킨은 베티크로커Betty Crocker부터 말보로Marlboro, 거버Gerber, 맥도날드McDonald's에 이르기까지 다양한 브랜드와 함께 일했다.

잠재적 광고라는 도전 ─────────────

하지만 브랜딩에서 심리학이 차지했던 중심적인 역할은 오래가지 못했다. 미국의 언론인 밴스 패커드Vance Packard는 1957년에 『숨은 설득자The Hidden Persuaders』라는 책을 썼다. 100만 부 이상 팔린 이 책은 센세이션을 일으켰다.

이 책에서 패커드는 제임스 비커리James Vicary라는 컨설턴트가 '잠재적 광고subliminal advertising'라는 기법에 관해 폭로한 일련의 내용을 보도했다. 잠재적 광고는 비커리가 만든 문구로 숨겨진 메시지를 브랜드 커뮤니케이션에 추가하는 방식을 뜻한다. 이러한 메시지는 1/3,000초 동안 깜짝거린 것으로 추정되는데, 너무 빨라서 의식적으로 알아차릴 수조차 없다. 비커리는 자신이 영화관에서 그런 캠페인을 벌였고 그 덕에 팝콘과 콜라의 판매량이 70% 가까이 증가했다고 주장했다.

냉전의 열기 속에서 이처럼 조작적으로 숨겨진 메시지에 관한 이야기는 오웰주의적 마인드 컨트롤과 비슷하게 들릴 수밖에 없었다. 미디어는 광분하며 일제히 비난을 퍼부었고, 미국 정부는 잠재적 광고를 금지했다. 그 여파로 심리학적 기술을 활용하는 전략은 대부분 사라지고 말았다.

빅 브라더의 전설

나중에 알고 보니 잠재적 광고에 대한 이야기는 비커리가 지어낸 것이었다. 그는 어떠한 실험도 수행하지 않았음이 밝혀졌다. 하지만 이미 너무 늦었다. 50년도 넘게 심리학적 기술은 기피 대상으로 남게 된 것이다.

하지만 이제 변하고 있다. 행동과학과 심리학이 마케팅에게 줄 수 있는 이점은 너무나 강력해서 두 학문이 다시 쓰이는 건 시간문제였다. 이 분야에 관심을 가져야만 하는 설득력 있는 이유 세 가지 the three Rs가 있다.

첫째는 관련성Relevance이다. 영업과 마케팅에 행동과학과 심리학보다 더 관련된 학문을 떠올리기는 어렵다. 모든 비즈니스가 직면

한 주요 과제를 생각해 보자. 쇼핑객들이 경쟁 브랜드에서 전환하거나 프리미엄 서비스를 지불하거나 다양한 제품을 구매하도록 장려하는 것이다. 이 세 가지 과제 모두 행동 변화와 관련된 것이다. 비즈니스는 행동 변화의 영역에 속하는 셈이다.

그렇다면 130년 동안 실험을 통해 알게 된 효과적인 행동 변화를 만드는 요인을 배우지 않을 이유는 없을 것이다. 이것이 행동과학의 전부다.

주제의 관련성은 체스킨의 연구에서 찾을 수 있다. 그는 추상적이고 학문적인 개념을 연구하지 않았다. 기대가 취향에 영향을 미친다는 그의 통찰력은 실용적으로 적용할 수 있었다. 즉 굿력 마가린의 맛보다는 색깔을 바꾸는 데 초점을 맞추었다는 뜻이다.

둘째는 견고성Robustness이다. 일부 마케팅 이론은 근거가 불완전하다. 보통 직관과 감에 의지하는 경우가 많다. 이는 수백만 파운드짜리 결정을 내리는 데 필요한 이상적인 근거가 될 수 없다.

행동과학은 다르다. 권위만으로는 아무것도 할 수 없다. 모든 것은 실험으로 증명되어야 한다. 행동과학은 세계적으로 유명한 과학자들의 동료 검토 과정을 거친 연구를 기반으로 한다. 이렇게 견고한 기초는 결과에 진정한 신뢰성을 부여할 수 있음을 의미한다.

다시 한번 감각 전이에 대해 생각해 보자. 체스킨은 모양이 맛에 미치는 영향에 대한 논리적인 논증 과정에 집착하지 않았다. 대신 그는 사람들이 주장하는 것이 아닌 실제 맛 평가 점수에 무엇이 영향을 미쳤는지 분석하는 통제된 연구를 설계했다.

긍정적인 동조 압력 ──────────────

이 연구가 흥미롭기는 하지만 행동과학의 견고성은 1940년대 이후부터 발전해왔다. 예를 들어 체스킨의 연구는 동료 검토 과정을 거치지 않았다. 요즘 대부분의 연구는 그러한 과정을 거친다. 기대가 맛에 확실히 영향을 미치는지에 대한 동료 평가 연구가 있다. 일례로 2006년 맥콤스경영대학원의 교수 라지 라구나탄Raj Raghunathan은 지각된 건강함이 맛에 미치는 영향을 연구했다.

라구나탄 교수는 한 그룹의 손님들을 초대해 엄선된 인도 음식과 음료를 시식하도록 했다. 손님의 절반은 라시(요거트 음료)가 건강에 좋다는 이야기를 들은 반면, 나머지 절반은 건강에 좋지 않다는 말을 들었다. 손님들이 나중에 맛을 평가했을 때 라시가 건강에 좋지 않다는 말을 들은 집단이 다른 집단보다 맛을 55% 더 높게 평가했다.

마지막으로 범위Range다. 행동과학은 사회심리학이 뿌리다. 이 학문이 다루는 주제는 1890년대까지 거슬러 올라간다. 그때부터 심리학자들은 인간의 행동을 추동하는 숨겨진 요인 수천 개를 밝혀냈다. 이 다양성은 여러분이 주로 고심하고 있는 내용과 관련된 심리 편향이 있을 가능성이 있다는 뜻이다.

관련성과 견고성 그리고 범위는 행동과학을 비즈니스에 적용하는 세 가지 강력한 이유이다. 하지만 행동과학을 적용해야 한다는 사실을 아는 것과 실제로 적용하는 것은 다른 차원이다.

다양한 심리 편향이 있을 때, 어디서부터 시작해야 할지 난감할 수 있다. 이 책은 그 장애물을 해결하는 것이 목표다. 당황스러울 정도로 다양한 심리 편향을 훑기보다 가장 시의적절한 아이디어를 엄선했다. 이렇게 고른 16½개의 아이디어는 쉽게 적용할 수 있을 뿐더러 마케팅에 큰 영향을 미칠 수 있는 잠재력을 지니고 있다.

아이디어를 최대한 이해하기 쉽게 설명하기 위해 우리는 한 사람을 하루 종일 따라다니며 그가 어떤 선택을 내려야 하는지 살펴볼 것이다. 각 장은 해당 결정을 자세히 설명하는 짧은 개요로 시작한다. 그런 다음 나머지 부분에서는 사고 과정 뒤에 있는 행동과학의 연구 결과들을 살펴볼 것이다. 우리가 다룰 여러 연구는 기존의 학술 연구 결과이거나 내가 직접 수행한 것들이며, 이를 어떻게 여러분이 상업적으로 활용할 수 있는지 알아보는 것이 가장 중요하다.

흥미롭게 들린다면, 이제 시작해보자.

Contents

1장

습관의 형성

거슬리는 알람 소리에 눈을 뜬 당신.

느릿느릿 침대에서 빠져나와 터벅터벅 샤워실로 걸어간다.

이제 완전히 잠에서 깬 후 옷을 입고 부엌으로 향한다.

빠르게 커피 한 잔과 토스트를 해치우고 나갈 준비를 한다.

배우자에게 "다녀올게!"라고 외친 후 집을 나와 버스를 타러 간다.

• • •

여러분의 아침 일상을 떠올려 보자. 집을 나설 때까지 선택의 연속이다. 어떤 옷을 입고 무엇을 먹을지, 어떻게 출근할지, 목록은 계속된다.

아침에만 그런 것도 아니다. 자잘한 일부터 심각한 일까지 삶의 매 순간이 수많은 선택지로 채워져 있기 때문에 우리는 그 선택지들을 모두 진지하게 고려하지 않는다. 그렇게 하지 않는다면 결코 하루를 살아낼 수 없을 것이다.

프린스턴대학교의 심리학자 수전 피스크Susan Fiske에 따르면 인간은 '인지적 구두쇠cognitive misers'다. 사고 과정이 상당한 에너지를 요구하기 때문에 우리는 생각하기를 꺼린다는 것이다.

심리학자 대니얼 카너먼Daniel Kahneman은 한층 극적으로 표현한다. "인간에게 생각이란 고양이에게 수영swimming이 주는 의미와 같다. 할 수는 있지만, 굳이 하고 싶지는 않은 것이다."

생각해야 하는 양을 제한하기 위해 우리는 무엇을 사야 할지와 같은 결정을 대개 습관에 의존할 때가 많다. 다시 말해 비슷한 상황을 마주하면 단순하게 저번에 했던 선택을 반복한다.

습관의 중요성 측정하기

습관의 중요성은 서던캘리포니아대학교의 심리학자 웬디 우드Wendy Wood가 정량화했다. 2002년 그녀는 실험 참가자 209명을 모집한 후 사람들에게 한 시간마다 알람을 울려 그들이 하루를 보내면서 어디에 있었고 무엇을 했으며 무슨 생각을 했는지 적도록 했다.

누군가가 같은 장소에서 같은 행동을 반복하며 다른 생각을 할 때 우드 교수는 그 행동을 '습관적'이라고 특정했다. 그녀의 기준에 따르면 사람들의 행동 중 43%가 습관적이었다.

이렇듯 우리의 행동에서 습관이 큰 비중을 차지하기 때문에 마케터들은 성공적으로 습관을 형성하는 방법에 관한 최신 이론을 숙지할 필요가 있다.

B. J. 포그B. J. Fogg, 니르 이얄Nir Eyal, 웬디 우드와 같은 심리학자들은 모두 습관 형성을 설명하는 자신만의 구체적인 모델을 만들었다. 그런데 이들이 제시하는 모델에서 발견한 사실들을 종합해보면 비즈니스와 관련된 핵심 내용은 여섯 가지로 추릴 수 있다.

하나씩 차례로 살펴보자.

이러한 심리를 어떻게 활용할 수 있을까? ─────

﹕ 1. 기존 습관을 깨트릴 최적의 순간을 포착해라 ﹕

현재 가지고 있는 습관을 깨트리기란 어렵다. 아마 이 분야에서 가장 주목할 만한 문장을 쓴 사람은 빅토리아 시대 작가 새뮤얼 스마일즈Samuel Smiles일 것이다. 그는 1859년 베스트셀러*『자조론Self-

---

* '베스트셀러'가 많은 사람의 입에 오르내리는 모호한 용어이긴 하나 스마일즈의 책은 충분히 찬사를 받을 만하다. 『자조론』은 출간 후 50년간 25만 부가 팔렸는데, 성경을 제외하면 가장 많이 팔린 책이었다.

Help』에 다음과 같이 썼다.

오래된 습관을 뿌리 뽑는 일은 때로 치아를 비틀어 뽑는 것보다 훨씬
고통스럽고 힘들다.

위 문장은 현재 고객이 가진 습관을 무작정 무너트리려는 시도
가 헛된 짓이라고 경고하고 있다. 습관의 견고함이 약해지는 순간
을 노리는 것이 최선이다.

다행히 심리학자들은 습관의 견고함이 약해지는 때를 예측할 수
있는 순간을 발견했다. 나는 이 중 일부인 아홉수의 사람들, 일대
사건, 시간이 지날수록 굳어지는 습관 등을 전작인『어떻게 팔지
답답할 때 읽는 마케팅 책The Choice Factory』에서 다뤘다. 그런데 가
장 핵심적인 순간을 하나 빠트렸다. 바로 새로운 시작이다.

한 주, 한 달, 한 학기, 생일 직후 등 새로운 시기가 시작되는 시점
에 사람들이 새로운 행동 패턴을 만들 가능성이 가장 크다는 개
념은 펜실베이니아대학교 와튼스쿨의 교수 캐서린 밀크먼Katherine
Milkman이 처음으로 연구했다.

그녀는 사람들에게 일관성을 유지하려는 강한 욕구가 있다고 주
장한다. 새로운 시기에 접어들면 우리는 과거의 자신과 맺어온 관
계가 느슨해지고 따라서 행동을 바꾸는 게 조금 더 수월해진다.

2014년 밀크먼 교수는 대학원생 홍첸 다이Hengchen Dai와 제이슨

리스Jason Riis와 함께 연구를 진행했다. 해당 연구에서는 다음 세 가지 행동을 검토했다.

① 다이어트(관련 용어의 검색량을 조사)
② 헬스장 이용(대학 내 헬스장에 출석한 횟수를 조사)
③ 새로운 목표를 추구하는 일에 전념(사람들이 행동을 바꾸겠다고 공개적으로 선언하는 웹사이트 스틱K stickK에서 얻은 데이터를 조사)

위 세 가지 데이터와 관련해 심리학자들은 새로운 시기가 시작되는 시점에 새로운 행동이 일어날 확률이 훨씬 더 크다고 봤다. 일례로 어떤 사람이 헬스장에 방문할 확률은 월초에는 15%, 주초에는 33%, 새 학기가 시작된 후에는 47%만큼 증가했다.

이 연구가 마케팅 분야에 던지는 함의는 명확하다. 습관을 무너트리고 싶다면 새로운 시기의 시작을 타깃으로 삼으면 된다.

실제 사례 중 하나로 잉글랜드의 웨스트미들랜즈주West Midlands 경찰을 살펴보자. 그들은 전과자를 고용해 재범률이 높은 범죄자들에게 경찰서의 교정 프로그램에 등록해 삶의 방식을 바꿔보라는 내용의 편지를 쓰도록 했다.

편지 중 일부는 새 출발의 시점인 범죄자의 생일에 맞춰 보내졌고, 다른 편지들은 무작위로 발송되었다. 2,077통의 편지가 발송된 가운데 4.1%가 새 출발 캠페인에 응답했다. 한편 무작위로 전송된 편지의 응답률은 2.6%에 그쳤다. 범죄와 같이 행동의 변화가 힘든 영역에서조차 새로운 시작은 유효하게 작용할 수 있다.

밀크먼 교수의 조언에 숨어 있는 반전은 평범한 순간도 새로운 시작처럼 재구성할 수 있다는 것이다. 2015년 연구에서 밀크먼 교수와 다이는 추구하는 목표가 분명한 학생 165명을 모집했다. 연구자들은 학생들을 불러 모아 목표를 달성하는 데 도움을 주는 이메일 리마인더에 등록할 것을 제안했다.

두 심리학자는 일부 학생들에게 리마인더에 입력된 날짜인 3월 20일을 '봄의 첫날'과 같은 표현을 쓰며 이날이 새로운 시작임을 강조했다. 다른 학생들에게는 같은 날짜를 '3월의 세 번째 목요일'과 같이 중립적으로 설명했다.

학생들은 연구자들이 새로운 시작으로 주의를 끌었을 때 상당히 높은 확률로 리마인더에 등록했다. 이 경우 26%의 학생들이 등록한 반면 날짜가 중립적으로 표현되었을 때는 7%의 학생만이 등록했다. 새로운 시작 효과를 활용해 성공률을 세 배나 높인 셈이다.

이 연구는 행동 변화에 관심 있는 사람들이라면 전하려는 메시지와 새로운 시기를 연결 짓는 것에만 초점을 맞춰서는 안 되며, 무료한 일상의 순간도 새로운 시작처럼 보이도록 재구성해야 한다는 점을 시사한다.

2. 동기에 의존하지 말고 신호를 만들어라

기존 습관을 깨트렸다면 다음 과제는 새로운 습관을 들이는 것이다. 행동의 변화를 장려하고 싶다면 동기부여를 촉진하는 것만으로 부족하다는 아주 확고한 연구 결과가 있다.

일반적으로 욕구의 증가가 곧바로 행동의 변화로 이어지지는 않는다. 사실 이러한 현상은 흔히 발생하는 일로, 심리학자들이 지칭하는 용어가 따로 있다. 바로 '의도와 행동 간 불일치intention to action gap'다. 사람들이 의도하는 행동과 실제 하는 행동 사이에는 대개 차이가 있다는 개념이다.

따라서 여러분이 어떤 습관을 들이고 싶다면, 동기와 신호(cue, 뇌가 행동을 시작하도록 보내는 자극-옮긴이)를 결합할 필요가 있다. 행동을 촉발하는 신호에는 시간, 장소 혹은 기분 등이 있다.

신호의 중요성은 영국 바스대학교의 심리학자 새라 밀른Sarah Milne 교수가 입증했다. 2002년 그녀는 248명의 실험 참가자를 모집해 임의로 세 그룹으로 나눴다. 그리고 첫 번째 그룹에 운동 능력을 기록할 것이라고 전달했다. 2주 후 밀른 교수가 그들을 만났을 때 35%만이 주 1회 최소 20분 운동을 했다.

두 번째 집단 역시 운동 능력을 기록할 것이라는 정보를 받았다. 하지만 추가로 이들은 운동의 효과를 설명하고 동기를 부여하는 전단을 읽었다. 2주 후 그들은 밀른 교수와 다시 만났다. 해당 유인물이 운동할 의욕을 고취했다고 해도 사람들의 행동에는 거의 변화가 없었다. 38%만이 주 1회 운동을 했다. 의도와 행동 간 불일치 현상의 반복이다!

세 번째 집단은 두 번째 집단과 같은 조건의 대우를 받았지만 밀른 교수는 추가로 이들에게 언제, 어디서, 누구와 운동할 것인지 적어달라고 요청했다. 밀른 교수는 이를 실행 의도implementation intention라는 용어로 정의했는데, 실제로 사람들에게 운동을 상기시키는 트리거가 되었다.

세 번째 집단의 동기 수준은 두 번째 집단과 차이가 없었지만, 그들의 행동에는 차이가 있었다. 무려 91%가 최소 주 1회 운동을 했다. 트리거가 두루뭉술한 욕망을 구체화할 무언가를 제공한 것이다.

습관적 구매 행동을 형성하고 싶다면, 동기에만 초점을 두어선 안 된다. 그것만으로는 충분하지 않다. 행동을 촉진할 신호도 생성할 필요가 있다.

> 동기에만 초점을 두어선 안 된다. 그것만으로는 충분하지 않다. 행동을 촉진할 신호도 생성할 필요가 있다.

실험실에서 현실 세계로

신호의 힘을 보여주는 실제 사례가 궁금하다면 치약 브랜드 펩소덴트Pepsodent를 떠올려 보자. 20세기 초, 미국이 구강 위생을 개선하려는 노력을 기울일 때, 펩소덴트 광고의 숨은 크리에이터 클로드 홉킨스Claude Hopkins는 하루 두 번 양치하기와 같은 모호한 제안을 하지 않았다. 대신 펩소덴트 광고는 아침 먹고 나서, 그리고 자기 전에 양치하자고 권장했다. 지난 100년간 가장 성공적이었던 공중보건 캠페인의 중심에는 '신호'가 있었다.

신호의 가치는 현재에도 여전히 힘을 발휘하고 있다. 최근 사례로는 2019년 영국의 금융기관 네이션와이드 빌딩 소사이어티Nationwide Building Society가 전개한 저축 캠페인이 있다. 네이션와이드는 광고 대행사 VCCP와 협력해 영국인 1,100만 명의 저축액이 100파운드 미만이라는 사실을 발표했다. 그들은 저축에 대한 동기 부여를 통해 사람들의 행동을 바꾸는 데에만 집중하지 않고 신호도 함께 제시했다.

그들이 사용하기로 한 신호는 바로 급여일이었다. 광고에 쓰인 슬로건 '월급 타는 날 = 저축하는 날Pay Day = Save Day'과 함께 "월급받은 날에 저축하기가 더 쉽습니다."와 같은 문구도 달았다. 이 광고는 대부분의 사람들이 급여를 받는 월말에 더 많이 송출되었다.

자사 고객뿐 아니라 모든 이의 저축 습관을 바꾸려는 목표에 걸맞게 일부 광고 포스터는 경쟁사 지점에도 붙었는데, 거기엔 이렇게 적혀 있었다. "월급날을 저축날로 만드세요. 여러분의 저축 계좌가 이곳에 있다고 해도 말입니다."

이 캠페인은 성공적으로 사람들의 인식을 끌어올렸다. 네이션와이드의 조사에 따르면 저축률은 "매달 조금씩이라도 저축하는 것이 중요하다."라는 문장과 일치하게 8%포인트 증가했다. 게다가 사람들의 행동도 바꾸어 놓았다. 네이션와이드는 예상보다 5배 많은 순 저축액으로 그해를 마감했다.

⋮ 3. 신호는 기존의 행동을 이용해서 만들어라 ⋮

네이션와이드의 사례는 또 하나의 유용한 전략을 보여주고 있다. 보통은 완전히 새로운 신호를 형성하기보단 장려하려는 행동과 기존의 신호를 연결하는 게 훨씬 효과적이다. 이 개념은 '습관 쌓기habit stacking'로 알려져 있다.

2013년 임페리얼칼리지런던의 개비 유다Gaby Judah 교수는 50명의 실험 참가자들과 함께 습관 쌓기 연구를 이끌었다. 참가자 절반은 양치하기 전에 치실을 쓰도록 안내받았고, 나머지 참가자들은 양치하고 난 후에 치실을 쓰도록 했다. 여기에선 순서가 중요하다. 기존 사건이 원하는 행동보다 먼저 일어나는 경우 더 효과적인 신호로 작동하기 때문이다.

이는 실험 결과로도 증명됐다. 양치 전 치실을 쓰도록 안내받은 집단은 23.7일 동안 치실을 사용한 반면, 양치 후 치실을 쓰도록 안내받은 집단은 6.3% 향상된 평균 25.2일간 치실을 사용했다.

우리는 어떤 형태의 신호를 사용해야 할까?

모든 신호가 동등한 가치를 지니는 건 아니다. 독특할수록 신호는 더 효과적이다.

하버드대학교의 토드 로저스Todd Rogers 교수와 함께 한 밀크먼의 또 다른 실험에서 이에 대한 근거를 찾을 수 있다. 2016년 두 사람은 카페 밖에 있는 500명의 사람들에게 다가가 다음 주 목요일에 음료 구매 시 사용 가능한 1달러 할인 쿠폰 전단을 나눠 주었다.

그들은 접근한 사람 중 일부에게 이렇게 말했다. "목요일에 와서 계산대를 보고 이 쿠폰을 기억해 내세요." 이 사람들이 통제집단으로 분류된다.

다른 사람들에게도 계산대 신호를 제시했지만, 그들이 받은 전단의 앞쪽에는 초록색의 배불뚝이 외계인이 그려져 있었고 이렇게 쓰여 있었다. "당신이 목요일을 잊지 않도록 이 친구가 계산대에 붙어 있을 겁니다." 이 사람들이 실험 집단이다.

다음 주 목요일이 되자 누구나 볼 수 있도록 계산대에 초록색 외계인이 붙어 있었다. 그 외계인은 쿠폰 사용을 상기시키는 역할을 했지만, 명시적으로 외계인을 찾아보라는 말을 들은 실험 집단에만 유효했다. 통제집단에 속한 사람들은 17%만이 쿠폰을 사용했으나, 배불뚝이 외계인을 찾아보라는 지시를 받은 사람들은 24%가 쿠폰을 사용했다.

행동을 바꾸고 싶으면 최대한 독특한 신호를 활용하는 것이 좋다.

⫶ 4. 강화하려는 행동을 최대한 쉽게 만들어라 ⫶

다음 단계는 반응이다. 반응은 여러분이 강화하고 싶은 행동을 의미한다. 습관을 강화하는 가장 좋은 방법은 가능한 한 쉽게 만드는 것이다.

행동을 쉽게 만드는 방법 중 하나로 청킹chunking을 사용할 수 있다. 행동을 가능하면 아주 작은 단계로 쪼개보자. 2020년 밀크먼 교수는 박사과정 학생 애니시 라이Aneesh Rai와 함께 목표 달성에 청킹이 미치는 효과에 관한 연구를 진행했다.

한 자선단체와 함께 연구를 진행하면서 두 사람은 신입 직원들에게 입사 첫해에 정해진 시간 동안 자원봉사를 하도록 요청했다. 어떤 사람들과는 첫해에 200시간 정도의 봉사활동을 하기로 약속했고, 다른 사람들에겐 일주일에 4시간 정도 봉사활동을 해달라고 했다. 전체 시간은 같았지만, 임무를 쪼갰을 때가 봉사활동 수준이 8% 개선되었다.

이 연구 결과는 일회성에 그치지 않는다. 캘리포니아대학교의 슐로모 베나치Shlomo Benartzi 교수가 주도한 연구에 따르면 사람들에게 한 달에 150달러씩 저금하라고 요청할 때보다 매일 5달러씩 저금하라고 할 때가 더 효과적이었다.

물론 청킹이 습관을 들이기 쉽게 해주는 유일한 방법은 아니다. 피임약은 쉽게 만들라는 원칙을 우회적으로 적용한다. 피임약의 효과를 보려면 28일 주기에서 처음 21일 동안만 약을 복용하면 된다. 하지만 많은 피임약에는 호르몬제 21알과 설탕으로 만든 위약 7알이 함께 들어 있다. 제약 회사들은 사람들이 매일 약을 복용하는 것이 복용을 멈췄다가 재복용하기를 반복하는 것보다 습관을 유지하기 더 쉽다는 사실을 이미 알고 있었던 것이다.

⋮ 5. 불확실한 보상의 힘을 이용하라 ⋮

다음 단계는 보상을 제시하는 것이다. 습관이 체화되려면 사람들에게 보상이 주어져야 한다. 심리적이든 생리적이든 금전적 보상이든 상관없다. 습관 형성의 여섯 단계 중 이 부분의 내용이 가장 광범위하다. 하지만 많은 마케터가 캠페인에 효과적으로 적용할 수 있음에도 제대로 활용하지 않고 있는 전략이 하나 있다. 바로 불확실한 보상의 힘이다.

불확실한 보상의 힘을 증명하려면 미국의 심리학자 B. F. 스키너 B. F. Skinner의 연구로 한참 거슬러 올라가야 한다. 《일반 심리학 개관Review of General Psychology》이라는 저널에 따르면 스키너는 20세기 행동주의 심리학자 중 가장 영향력 있는 사람이었다. 1930년 그는 스키너 상자Skinner box라는 것을 만들었다. 이것은 간단한 실험 장치로 나무 상자 안에 레버가 있으며 이 레버를 누르면 먹이가 나오도록 설계되어 있었다.

스키너는 이 상자를 활용해 비둘기에서 쥐까지 온갖 종류의 동물을 관찰했다. 우선 그가 상자에 집어넣은 동물들은 레버를 인지하지 못했다. 하지만 곧 우연히 레버에 부딪혔을 때 맛있는 먹이가 나오자 깜짝 놀랐다.

레버에 부딪히자 보상이 주어지는 과정이 이후 몇 차례 일어났고, 마침내 동물들은 레버의 기능을 학습했다. 그 다음부터 동물들은 상자에 들어가자마자 곧장 레버를 향해 달려가 반복해서 누르기 시작했다.

심리학자들은 이 보상을 이용해 점점 더 정교한 과제를 완수하도록 동물들을 훈련했다. 스키너의 제자들은 먹이를 주는 대가로 토끼에게 1달러 동전을 집어 작은 구멍에 넣어 입금하는 방법을 가르치기도 했는데, 이 기법이 어디까지 적용될 수 있는지 보여주는 인상적인 실험 중 하나다.

스키너는 어떤 유형의 보상이 행동 조성에 가장 강력한 힘을 발휘하는지 이해하기 위해 학자로서의 인생을 바쳤다.* 그의 연구 결과에 따르면 확실한 보상보다 불확실한 보상이 더 강력한 영향력을 발휘했다. 동물들에게 계속 먹이가 주어졌을 때보다 이따금 먹이가 주어졌을 때가 관련 행동의 체화가 더 효과적으로 일어났다.

놀라운 결과이긴 하지만, 이제 우리가 아는 한 가지는 이 사실을 쥐와 비둘기뿐 아니라 사람에게도 적용할 수 있다는 것이다.

인간을 대상으로 효과를 증명한 실험은 2014년 시카고대학교의 심리학자 루시 셴Luxi Shen 교수가 진행했다. 그녀는 실험 참가자 87명을 모집한 후 그들에게 과제를 주었다. 한 참가자 집단에는 2달러(확실한 조건)가 보상으로 주어진 반면 다른 집단에는 50:50의 확률로 1달러 혹은 2달러(불확실한 조건)가 보상으로 주어졌다.

셴 교수는 보상이 예측 불가능할 때 참가자의 70%가 과제를 완료했으며, 보상이 확실한 조건에서는 그 비율이 43%에 그쳤음을 발견했다.

포인트 제도 강화에는 불확실한 보상이 정답이다

불확실한 조건에서 비록 기대 효용은 낮았지만, 동기부여는 더 효과적이었다. 불확실성이 주는 자극은 금전적 보상을 넘어서는 가치를 더해주었다.

---

* 스키너가 수행한 모든 연구가 그의 이름을 딴 상자처럼 성공적인 것은 아니었다. 그는 제2차 세계 대전 중 비둘기를 훈련시켜 미사일의 유도장치로 활용하려 했던 비둘기 프로젝트(Project Pigeon)라는 조금은 기괴한 연구를 지원하기도 했다. 다행스럽게도 이 프로젝트는 전자 유도 시스템의 신뢰도가 높아지면서 우리 모두의 안전을 위해 폐기되었다.

따라서 여러분이 고객의 구매 행동을 형성하려 한다면 불확실성을 활용해야 한다. 포인트 제도를 운용하고 있다면 고객들이 방문할 때마다 모두에게 똑같은 포인트를 제공해선 안 된다. 대신 약간의 무작위성을 가미해보자.

이는 샌드위치 전문점 프레타망제Pret A Manger가 커피 판매량을 높이기 위해 사용한 접근법이다. 경쟁사와 달리 프레타망제는 도장을 수십 개 모은 손님에게만 무료 커피를 제공하지 않는다. 대신 직원들에게 가끔 무작위로 고객들에게 무료 음료를 제공할 수 있는 권한을 주었다.

그들의 전략은 일반적인 거래 방식보다 훨씬 긍정적인 반응을 낳고 있다. 다음은 해리 월롭Harry Wallop 기자가 일간지《더 타임즈 The Times》에 프레타망제의 무료 커피를 받았을 때의 느낌을 적은 글이다.

그건 영국에서 가장 강력한 소비자 충성도 프로그램이었을 것이다. 고객으로서 복권에 당첨된 것 같은 기분을 느꼈다. 나는 승리를 거둔 영웅처럼 사무실로 돌아갔고 내가 거머쥔 빛나는 행운으로 동료들에게 박수갈채를 받았다. 정말이지, 프레타망제를 사랑할 수밖에 없었다.

그런데 훨씬 좋은 사례로 인도 뭄바이에 있는 이란 음식 기반의 체인 레스토랑 디슘Dishoom을 들 수 있다. 식사가 끝나면 사람들은 마트카Matka라고 불리는 청동 주사위를 던질 수 있다. 숫자 6이 나오면 식사는 무료다. 수학적으로 당첨 확률은 약 16.7%이지만, 정서적으로는 굉장히 다르게 느껴진다.

6. 가장 중요한 세 가지 전략은 반복과 반복, 또 반복이다

습관 형성의 마지막 요소는 반복이다. 습관은 하루아침에 만들어지지 않는다. 어떤 행동이 체화되려면 반드시 반복해야 한다.

흔히 인용되는 숫자로는 습관을 형성하는 데 21일이 걸린다는 말이 있다. 그런데 이를 뒷받침할 만한 의미 있는 근거는 거의 없다.

훨씬 강력한 데이터는 유니버시티칼리지런던의 필리파 랠리Phillippa Lally 교수의 연구에서 찾을 수 있다. 2009년 랠리 교수는 82명의 참가자를 모집해 새로운 습관 형성을 주문했다. 연구에서 제시한 습관은 점심 식사 때 물 한 잔 마시기 혹은 양치 후 팔굽혀펴기 등 단순한 행동들이었다.

참가자들이 자동적으로 이 행동을 하기까지 평균 66일이 걸렸다. 랠리 교수는 이를 습관이라 정의했다. 하지만 이 단일 숫자에는 상당히 큰 범위가 가려져 있었다. 95%의 사람들이 18~254일 사이에 습관을 형성했기 때문이다.

행동을 재구성하려 한다면 짧은 시간에 폭발적인 활동을 하는 것에 의존해선 안 된다. 그보다는 훨씬 지속적인 개입이 필요하다.

따라서 습관을 형성하려 할 때 행동과학 연구에서 발견한 다음 여섯 가지 핵심 원칙을 기억해야 한다.

- 새로운 시기가 시작되는 시점에 기존 습관을 깨트리려는 노력에 집중하자.
- 고객에게 변화의 동기를 심어주는 것에 의존하지 말자. 동기부여는 필요조건이나 충분조건은 아니며, 신호나 트리거와 결합해야 한다.
- 완전히 새로운 신호를 만들려고 애쓰기보다는 이미 형성된 행동을 활용하는 것이 훨씬 낫다.
- 강화하려는 행동을 최대한 쉽게 만들자.
- 불확실한 보상의 힘을 활용하자.
- 마지막으로 습관을 형성하려면 지속적이고 연속적인 개입이 필요함을 기억하자.

이 원칙들이 모두 중요하긴 하지만, 습관을 넘어 행동을 쉽게 만드는 것의 핵심은 어떻게 적용할 것인가에 있다. 다음 장에서 이 부분의 중요성에 대해 자세히 논의할 것이다.

2장

쉽게 만들기

THE ILLUSION OF CHOICE

다행히 버스가 붐비지 않아 자리에 앉은 당신.

아니, 엉덩이의 반만 걸터앉는다.

보아하니 옆자리 승객이 한 사람 이상의 자리를 차지하고 있다.

주의를 분산시키기 위해 처리해야 할 문제들을 떠올린다.

아직 여름 휴가지를 정하지 못했는데, 인기 많은 여행지는

예약이 마감되었을까 걱정되어 가격 비교 사이트에서

별장을 검색하기 시작한다.

처음엔 여행지에서 재미있게 보낼 시간을 상상하니 즐겁다.

하지만 비슷한 선택지들이 너무 많다.

끝없이 이어지는 선택지에서 무엇을 고를 수 있을까?

일단 너무 복잡하다. 왜 고르기 편하게 만들지 못한 걸까?

헛수고라는 생각에 좌절감을 느낀 당신은 선택을 포기한다.

그리고 옆자리 승객 때문에 속이 부글부글 끓는다.

...

『경제학 콘서트The Undercover Economist』의 저자 팀 하포드Tim Harford는 행동 변화를 설명하기 위해 단순한 비유를 든다. 운전에 빗대면 가속 페달을 밟거나 브레이크를 풀면 되는 것이다. 다시 말해 동기부여 요소를 강화하거나, 저해 요소를 제거하면 된다.

마케터는 가속 페달을 밟는 쪽을 좋아한다. 게다가 그 어느 분야보다 동기를 바꾸는 일에 집착한다. 그런데 이것이 올바른 우선순위 전략일까?

대니얼 카너먼이 '지식의 대부intellectual godfather'라 부른 독일 심리학자 쿠르트 레빈Kurt Lewin은 아니라고 말한다. 1930년대 베를린대학교에서 교수로 지냈던 레빈은 '역장분석force field analysis'이라 알려진 일련의 개념을 발전시켰다. 이 이론은 행동을 두 개의 힘, 즉 도와주는 힘과 방해하는 힘 사이의 균형 상태로 묘사한다.

레빈의 통찰력은 사람들이 방해하는 힘을 먼저 고려해야 하는데도 도와주는 힘에 집착하는 잘못된 판단을 보여준다. 운전 이야기로 돌아가면, 마케터은 가속 페달을 밟는 것보다 브레이크를 푸는 것에 더 신경 써야 한다. 이 같은 우선순위의 변화는 실무에서도 중요한 함의를 지닌다.

> 방해하는 힘을 먼저 고려해야 하는데도 사람들은 도와주는 힘에 집착하는 잘못된 판단을 한다. 가속 페달을 밟는 것보다 브레이크를 푸는 것에 더 신경 써야 한다.

카너먼의 말을 옮기면 다음과 같다.

저해 요소를 제거하는 것은 완전히 다른 활동이다. "저 사람이 이 행동을 하게 하려면 어떻게 해야 하지?"라고 묻는 대신 "저 사람은 왜 이 행동을 하지 않는 걸까?"라는 질문으로 시작하기 때문이다. "왜 그렇게 하지 않지?" 이는 아주 다른 질문이다. 그다음 하나씩 체계적으로 "저 사람을 쉽게 움직이려면 어떻게 해야 할까?"라고 질문한다. 일을 수월하게 진행하려면 대체로 개인의 환경을 통제해야 가능했다.

흥미로운 이야기 이상의 의미 ——————

방해하는 힘을 제거하는 것의 중요성을 보여주는 최근의 실험 증거들은 충분하다.

일례로 2017년 이루어진 연구에서 컬럼비아대학교의 피터 버그먼Peter Bergman 교수와 하버드대학교의 토드 로저스 교수는 마찰이 학부모에게 자녀를 위한 공부 팁을 제공하는 새로운 교육 서비스 가입률에 미치는 영향을 관찰했다.

두 심리학자는 학부모들을 무작위로 세 가지 가입 루트에 배정했다. 각 집단은 해당 서비스의 이점을 소개하는 문자 메시지를 받았으나 가입 방법은 집단마다 달랐다.

① 표준 집단: 학부모들은 웹사이트에 방문해 간단한 가입 신청서를 작성하여 서비스에 등록할 수 있었다.

② 단순화 집단: 학부모들은 문자 메시지에 '시작'이라고 답을 보냄으로써 가입할 수 있었다.

③ 자동 등록 집단: 학부모들은 이미 서비스에 등록된 상태이지만 문자 메시지에 '중단'이라고 답하면 서비스에서 탈퇴할 수 있다고 안내받았다.

가입률은 얼마나 수고를 들여야 하느냐에 따라 달랐다. 표준 집단은 1%, 단순화 집단은 8%, 자동 등록 집단은 무려 97%의 가입률을 보였다. 레빈 교수가 주장한 대로 자녀 교육과 같이 중요한 문제에서조차 아주 약간의 마찰만 있어도 우리의 행동에 부적절한 영향을 끼칠 수 있다.

하지만 이건 실험의 전반부에 불과하다. 이후 두 학자는 교사 130명을 모집해 그들에게 이 실험 설계에 관해 설명한 뒤, 각 시나리오에서의 가입률을 예측해달라고 부탁했다.

교사들은 마찰이 가입률을 낮출 것을 알고 있었지만, 그 정도를 과소평가했다. 그들은 표준 집단이 39%, 단순화 집단이 48%, 자동 등록 집단이 66%의 가입률을 보일 것으로 예측했다. 그들은 가입률의 차이가 27%포인트에 지나지 않을 것으로 생각했지만, 현실에서는 96%포인트라는 막대한 차이로 나타났다.

이제 현실 세계에서 이 효과가 어떻게 적용될 수 있는지 살펴보자.

이러한 심리를 어떻게 활용할 수 있을까? ─────

⋮ 1. 일단 마찰 요소를 찾아 제거하는 게 중요하다 ⋮

마찰의 중요성을 간과하기 쉬운 사람들은 교사뿐만이 아니다. 이는 일반화된 쟁점이며, 다른 직업군만큼 마케터들에게도 책임이 있다. 이게 문제다. 우리가 마찰의 영향력을 간과하면 고객 여정을 단순화하는 일에 시간과 돈을 거의 들이지 않을 것이기 때문이다.

우리는 미리 양식 작성하고 불필요한 절차도 제거하고, 비정기 구매자가 정기 구매자가 되도록 유도하는 등 아주 사소한 마찰 요소들을 없애는 데 더 큰 노력을 기울여야 한다.

이것의 영향력은 어마어마하다. 넷플릭스Netflix의 다음 에피소드 자동 재생 스위치 혹은 아마존Amazon의 원클릭 결제 시스템 도입 사례를 생각해보라. 고객의 수고를 덜 수 있는 것이라면 무엇이든 놀랄 정도로 대단한 효과를 발휘할 것이다.

여러분은 본인 제품의 구매 절차가 최대한 간단하게 갖춰졌다고 믿고 있을지도 모르겠다. 하지만 다시 생각해보는 게 좋을 것이다. 때로는 매우 간단한 구매 여정에조차 숨은 마찰 요소가 포함되어 있기 때문이다.

고급 레스토랑에서 샴페인 한 병을 주문한다고 해보자. 여러분이 손만 들면 웨이터가 미끄러지듯 다가와 주문을 받을 것이다. 이보다 더 간단할 수 있을까?

물론 충분히 간단한 절차이긴 하나 유심히 들여다보면 숨겨진 장벽을 발견할 수 있다. 예를 들어 여러분이 친구와 함께 있다면 주문하는 동안 대화의 흐름을 끊어야 할 것이다. 운이 좋지 않으면 웨이터가 잘못된 방향을 보는 바람에 바보처럼 팔을 휘둘러야 할 수도 있다. 이 모든 것이 작은 불편함이고, 카너먼은 이 불편함이 판매량을 떨어뜨릴 것이라고 통찰했다.

이는 화려한 런던 소호의 레스토랑 밥밥리카드Bob Bob Ricard에서의 경험으로 알 수 있다. 광고 대행사 오길비Ogilvy에서 근무했던 레오니드 슈토브Leonid Shutov가 설립한 이 레스토랑은 모든 테이블에 '샴페인 주문Press for Champagne' 버튼을 추가해 마찰 요소를 제거했다. 아주 사소한 장벽을 무너트리면서 그들은 억눌려 있었던 수요

출처: Richard Shotton

를 폭발시켰다. 이곳은 현재 영국의 다른 어떤 레스토랑보다 샴페인 매출량이 많다.

여러분이 제품의 구매 과정을 할 수 있는 한 최대로 간소화했다고 생각하더라도 샴페인 버튼을 기억하자. 이와 비슷하게 여러분의 업무에서 마찰을 없앨 수 있는 독창적인 방식이 있을지 모른다.

⋮ 2. 시작은 최대한 쉽게 만들어야 한다 ⋮

마찰 요소를 제거해야 한다는 조언은 얼핏 우리의 직관과 거리가

먼 듯하다. 그런데 이보다 더 생소하게 들리지만 유용한 행동과학 기법이 몇 가지 더 있다. '문간에 발 들여놓기foot-in-the-door technique' 라는 이름으로 알려진 기법부터 살펴보자.

1966년 스탠퍼드대학교의 심리학자 조너선 프리드먼Jonathan Freedman과 스콧 프레이저Scott Fraser는 캘리포니아 팔로알토 지역의 집주인들을 찾아가 도로 안전과 관련된 짧은 대화를 나눴다. 이후 두 심리학자는 대화를 나눈 사람들에게 그들의 앞마당에 '안전 운전하세요'라고 적힌 표지판을 세워도 괜찮은지 물었다. 표지판은 거대했고, 두 심리학자의 말에 따르면 글씨도 '조잡'했다. 아니나 다를까 실험 참가자의 17%만이 해당 요청을 허락했다.

연구자들은 이후 두 번째 집단에 속한 집주인들을 찾아갔다. 그들과도 똑같이 도로 안전에 관한 이야기를 나눴으나 이번엔 더 작은 부탁을 건넸다. 도로 안전을 지지하는 조그마한 스티커를 창문에 붙여달라고 한 것이다. 사실상 모든 집주인이 동의했다.

2주 뒤 연구자들은 두 번째 집단의 사람들을 다시 찾아가 커다란 표지판을 세워도 괜찮은지 물었다. 창문에 스티커를 붙였던 사람 중 76%가 허락했다.

프리드먼과 프레이저는 두 단계로 나눠서 접근하는 것이 효과적이라고 주장했다. 과거 자기 행동과 일관적인 태도를 보이고자 하는 사람들의 강력한 욕구를 이용하기 때문이다.

두 심리학자의 말을 옮기면 다음과 같다.

어떤 일에 연루되거나 행동에 옮기는 것은 사람에게 감정의 변화를 일으킬 수 있다. 일단 요청에 응하면 그 사람의 태도 역시 바뀔 가능성이 있다. 스스로가 보기에 나는 이런 종류의 행동을 하는 사람, 즉 낯선 사람의 부탁을 들어주고 자신의 신념을 행동으로 옮기고 좋은 일에 협력하는 사람이 될 수 있기 때문이다.

행동에 주요한 변화를 끌어내고 싶다면 고객에게 작은 변화를 요청하는 것부터 시작하자. 최소한의 노력만 기울이면 될 정도로 변화의 정도는 작아야 하지만 타깃 고객층의 정체성을 흔들 만큼 그 영향력은 커야 한다. 이후 고객이 작은 변화를 보이면 그때 여러분의 진짜 요구 사항을 권유하면 된다.

⋮ 3. 고객에게 제시하는 선택지의 수를 줄여라 ⋮

행동 변화를 더 쉽게 유도하는 또 다른 놀라운 방법은 고객에게 제시하는 선택지의 수를 줄이는 것이다. 실험 연구에 따르면 너무 많은 선택지를 제시하는 것이 오히려 의사결정 과정을 멈추게 할 수 있다. 선택의 폭이 지나치게 넓으면 소비자는 아무것도 사지 않거나 기본 상품 혹은 가장 저렴한 상품을 고를지도 모른다.

심리학자들이 결정 장애choice paralysis라 부르는 현상에 관한 실험으로는 컬럼비아대학교의 시나 아이엔가Sheena Iyengar 교수와 스탠퍼드대학교의 마크 레퍼Mark Lepper 교수의 연구가 있다. 2000년 두 사람은 캘리포니아 멘로파크에 있는 고급 슈퍼마켓 드레이거즈Draeger's에 시식 코너를 설치했다. 그곳을 지나가던 사람들에게 다양한 종류의 잼을 시식할 기회가 제공되었고 구매를 장려하기 위한 1달러 쿠폰도 주어졌다.

어떤 경우에는 시식 코너에 각기 다른 맛의 잼 6개로 선택에 제한이 있었고 다른 경우에는 잼의 종류가 무려 24가지나 됐다.

선택의 폭이 넓을 때는 시식 코너를 지나가던 이용객 242명 중 60%에 해당하는 145명이 멈춰 서서 잼을 살펴봤다. 선택에 제한이 주어졌을 때는 260명의 이용객 중 40%에 불과한 104명만이 발걸음을 멈춘 것과 비교하면 선택지의 폭이 넓을 때가 유리한 결과를 보여준다.

하지만 마케터에게 중요한 부분은 시식율이 아닌 구매율이다. 여기서 이야기가 달라진다. 잼의 종류가 24가지나 되었던 경우에는 시식 코너를 지나간 사람 전체에서 1.7%에 해당하는 4명만이 잼을 구매했으나 잼의 종류가 6개였던 경우에는 12%에 해당하는 31명이 잼을 구매했다. 무려 7배의 차이가 난 셈이다.

두 심리학자는 이 실험을 통해 "선택지가 많으면 더 바람직한 것처럼 보일 수 있겠지만 때로는 인간의 동기부여 측면에서 불리한 결과를 초래할 수도 있다."라고 주장했다.

이 연구가 우리에게 주는 함의는 명백하다. 고객에게 주어지는 선택지를 줄이라는 것이다.

하지만 서둘러 급하게 선택지를 줄이기 전에 진실은 맥락에서 미묘한 차이가 있음을 암시하는 후속 연구를 고려해볼 가치가 있다. 노스웨스턴대학교의 심리학자 알렉산더 체르네프Alexander Chernev는 2015년 메타 분석 연구에서 결정 장애는 특정 환경에서만 일어난다는 사실을 발견했다. 54개의 실험을 분석한 결과 그는 사람들이 더 적은 선택지를 선호하는 4가지 상황을 확인했다.

① 명확한 선호도가 없을 때
② 주어진 선택지가 익숙하지 않을 때
③ 뚜렷하게 더 나은 선택지가 없을 때
④ 제시된 선택지가 모두 빈약해서 평가가 어려울 때

체르네프의 연구에 따르면, 위 요소 중 하나라도 여러분의 상황에 해당할 시 결정 장애의 위험은 증가한다. 그렇지 않다면 고객은 풍부한 선택지를 받아들이는 데 어려움이 없을 것이다.

⋮ 4. 고객의 세계관에 쓸데없이 간섭하지 말자 ⋮

지금까지 우리는 행동을 쉽게 바꾸는 직접적인 방법을 논의했다. 이 방법들은 물리적인 장애물을 제거하는 데 초점을 맞추는 경향이 있다.

하지만 간접적으로 적용할 수 있는 방법도 있다. 그러한 방법을 살펴보기 위해 우리는 영국에서는 거의 알려지지 않은 미국의 가계 인식 캠페인으로 영감의 방향을 전환해야 한다. 텍사스의 교통국에서 쓰레기 투기율을 줄이기 위해 시작한 캠페인이다.

1980년대 텍사스 사람들은 연중 끊이지 않는 도로변의 쓰레기, 주민들의 말마따나 '폐기물' 문제와 씨름 중이었다. 매년 도로를 따라 흩어져 있는 쓰레기 더미를 수거하는 데 2,000만 달러가 들었다. 주 정부는 해마다 투기범들에게 "텍사스를 아름답게 유지합시다."라는 광고를 내보냈으나 투기범들은 아랑곳하지 않고 계속 쓰레기를 버렸다.

1985년 캠페인 실패에 좌절한 교통국은 팀 맥클루어Tim McClure라는 크리에이터가 이끄는 오스틴의 광고 대행사 GSD&M를 고용했다. 맥클루어는 이전 광고가 고객의 세계관을 반영했음을 발견했는데, 바로 평균 연령 107세인 위원회라고 농담조로 말했다.

하지만 환경 보호의 책임을 묻는 메시지는 잘못을 저지른 사람들, 즉 규칙을 어기는 젊은이들에게 아무런 호응을 얻지 못했다. 그의 신랄한 표현을 그대로 옮기자면 캠페인은 '픽업트럭에 탄 시골 촌뜨기' 같았다.

맥클루어는 행동 변화를 가로막는 장벽이 심리적 요인이라는 것을 알아챘다. 과거의 캠페인들은 타깃 청중의 세계관을 바꾸려 했다. 이는 상당한 장애물이다. 사람들은 대개 자기 생각을 바꾸는 것을 싫어하기 때문이다.

대신 GSD&M은 메시지를 타깃 청중의 관점과 일치하도록 바꿨다. 맥클루어는 "텍사스를 더럽히지 맙시다."라는 슬로건을 만들었는데, 이는 쓰레기 투기를 주에 대한 자부심을 모욕하는 행위로 전환한 것이었다. 쓰레기 투기는 오클라호마에서 온 외지인이나 할 법한 행동이지, 진정한 텍사스인이라면 결코 참을 수 없는 일이었다.

이 캠페인은 1987년에서 1990년 사이 쓰레기 투기율을 무려 72%나 줄이면서 지금까지 가장 성공한 쓰레기 무단 투기 방지 캠페인으로 확고히 자리매김했다. 사용된 문구가 대중문화에 유입될 정도로 큰 성공을 거두었다. 조지 W. 부시George W. Bush 전 대통령은 대통령 수락 연설에서 이 문구를 사용했고 심지어 미국의 핵 잠수함 USS텍사스에는 해당 표어가 새겨져 있기까지 하다.

우리는 행동 변화를 가로막는 물리적 장애물을 제거하는 방식으로 행동 편향을 적용할 수 있다. 그러나 가장 큰 이익은 우리가 이 편향을 우회적으로 적용할 때, 즉 변화를 가로막는 심리 장벽을 제거할 때 발생한다.

⋮ 5. 행동을 줄이고 싶다면 마찰 요소를 더하라 ⋮

지금까지 우리는 장애물을 제거하는 것이 어떻게 원하는 행동을 촉진하는지 논의했다. 하지만 이 아이디어는 거꾸로 적용될 수도 있다. 원하지 않는 행동을 접한다면 마찰 요소를 더하면 된다.

극적인 예는 자살 방지 분야에서 찾아볼 수 있다. 1998년 9월 영국 정부는 해열 진통제인 파라세타몰의 과다복용을 방지하는 법안을 도입했다. 법안 도입 이후 사람들은 약을 한 번에 한 팩만 구매할 수 있었다. 그리고 약국에서는 한 팩에 32알까지, 일반 점포에서는 한 팩에 16알까지 등 한 팩에 최대로 복용할 수 있는 양도 줄어들었다.

자살과 같은 심각한 문제에서도 이 같은 사소한 마찰 요소를 추가하는 것이 유익한 효과를 나타냈다. 2013년 옥스퍼드대학교의 자살 연구 센터장 키스 호턴Keith Hawton 교수는 앞서 말한 법안의 효과를 알아보는 연구에 착수했다. 영국 통계청에서 제공하는 1993~2009년까지의 잉글랜드와 웨일스 지역의 사망률 데이터를 분석한 결과 그는 법안이 제정된 후 파라세타몰로 인한 사망자 수가 43% 감소했다고 추정했다. 그가 연구한 11년 동안 사망자 수가 약 765명 줄어든 셈이다.

고객을 위해 과정을 쉽게 만들어야 한다는 이야기는 계몽적으로 들릴 수도 있다. 왜냐하면 행동에 대한 우리의 기본 가정을 흔들기 때문이다. 우리는 행동을 바꾸려면 가장 기초가 되는 동기부여 방식에 노력을 집중해야 한다고 생각할지도 모른다. 하지만 그런 생각은 사람들의 행동을 바꾸는 데 편의성이라는 요소가 얼마나 중요한지 간과한다는 뜻이다.

장애물을 제거하여 원하는 행동을 하기 쉽게 만들거나 혹은 마찰을 더해서 원하지 않는 행동을 하기 어렵게 만들면 사람들이 우리가 원하는 방식으로 움직일 확률은 훨씬 높아진다.

웬만한 환경에서는 이 규칙이 잘 작동한다. 그런데 반대 전략이 가장 효과가 좋은 경우도 드물게 발생한다. 때로 여러분은 원하는 행동을 촉진하기 위해 마찰을 추가해야 한다. 대체 이게 무슨 소리인가 싶어도 당황하지 말자. 다음 장에서 모든 게 명확해질 것이다.

3장

어렵게 만들기

THE ILLUSION OF CHOICE

평소보다 두 배는 길게 느껴졌던 버스에서의 시간이 지나고
마침내 목적지에 도착한 당신. 버스에서 내려 기차역으로 향한다.
활기찬 걸음이 기부금을 모금하는 사람으로 방해받는다.
열성적인 젊은이는 당신에게 일주일에 20파운드라는 꽤 큰 금액을
어린이 자선단체에 베풀 수 있는지 물어본다.
터무니없는 액수에 어이가 없는 당신은 그의 제안을 거절한다.
그는 당신을 붙들기 위해 재빨리 한발 물러선다.
"좋습니다. 그러면 일주일에 1파운드는 어떠세요?"
그 정도 금액은 적당한 것 같아 등록하는 당신.
세상을 조금 더 나은 곳으로 만들었다는 사실에 만족스럽다.

• • •

2장에서 우리는 프리드먼과 프레이저가 제안한 문간에 발 들여놓기 기법을 다뤘다. 그들의 실험은 고객 여정의 첫 단계를 가능한 한 수월하게 만들면 행동 변화에 성공할 확률이 촉진된다는 사실을 보여주었다.

그런데 만약 반대로 하면 어떤 일이 벌어질까? 고객 여정의 첫 단계를 최대한 어렵게 만든다면? 무모한 소리처럼 들릴 수 있겠지만 앞선 사례의 자선단체 직원에겐 확실히 효과가 있었다.

광고 대행사 오길비체인지Ogilvy Change의 설립자 로리 서덜랜드Rory Sutherland는 때로 실험이 제시하는 내용과 반대로 행동할 때가 효과적일 수 있다고 주장한다. 그는 이렇게 말한다.

물리학에서는 좋은 아이디어의 반대는 나쁜 아이디어인 게 일반적이다. 그런데 심리학에서는 좋은 아이디어의 반대가 실제로는 매우 좋은 아이디어일 수 있다. 서로 반대되는 아이디어가 모두 효과가 있다는 것이다.

그런데 로리의 말이 정말 맞을까?

면전에서 문 닫기door-in-the-face 기법 ————

다행히 우리가 직접 그의 말을 따져볼 필요는 없다. 1975년 애리조나주립대학교의 로버트 치알디니Robert Cialdini 교수는 문간에 발 들여놓기 기법을 완전히 뒤집은 실험을 진행했다. 그는 자신의 새로운 접근법을 '면전에서 문 닫기' 기법이라 불렀다.

실험에서 치알디니 교수는 대학 캠퍼스에 있는 사람들에게 다가가 지역 사회 소년원에서 2시간 자원봉사를 할 수 있는지 물었다. 긍정적으로 대답한 사람은 17%도 되지 않았다.

다음으로 치알디니 교수는 다른 실험 집단의 사람들에게 다가가 아까보다 훨씬 극단적인 부탁을 했다. 앞으로 2년 동안 일주일에 2시간씩 자원봉사를 할 수 있나요? 이건 너무 비상식적인 요구라 모든 사람이 거절했다.

하지만 치알디니 교수는 굴하지 않았다. 그는 두 번째 실험 집단 사람들에게 다시 부탁했다. 앞서 첫 번째 집단의 사람들에게 한 부탁과 같았다. 과연 그들은 오후 딱 한 번 2시간을 할애해 도와주는 것을 포기할 것인가? 이번엔 50%의 사람들이 수락했다.

사람들은 더 큰 부탁을 먼저 받았을 경우 거의 3배 높은 확률로 두 번째 제안에는 따랐다.

이 전략은 애매모호한 약속의 효과를 뛰어넘었다. 실제 봉사활동 참석률 역시 증가한 것이다. 통제집단에서는 도와주겠다고 약속한 사람 중 50%가 나타났다. 이 숫자는 면전에서 문 닫기 기법을 활용했을 때 85%까지 올라갔다.

그런데 면전에서 문 닫기 기법은 왜 효과가 있는 것일까?

이 기법이 '호혜성reciprocity'이라 알려진 심리 성향을 활용한다는 설명이 있다. 호혜성은 사회학자 앨빈 굴드너Alvin Gouldner가 정의한 용어인데, "나에게 이득을 준 사람에게 나도 호의를 베풀어야 한다."라는 규칙으로 모든 문화권에서 나타난다. 치알디니 교수는 자신의 베스트셀러 『설득의 심리학Influence』에서 호혜성을 가장 영향력 있는 6가지 설득의 원칙 중 하나로 꼽는다. 그의 주장은 실험 데이터로 뒷받침된다.

2007년 독일 본대학교의 아민 포크Armin Falk 교수는 사람들에게 개발도상국을 위해 일하는 자선단체에 기부를 요청하는 진심 어린 편지 9,846통을 보냈다.

일부 예비 후원자들은 자선단체에 대한 정보만 담겨 있는 편지를 받았다. 다른 사람들은 같은 메시지를 엽서 한 장 혹은 엽서 네 장이라는 선물과 함께 받았다. 엽서를 받은 사람들은 해당 엽서가 방글라데시 다카에 사는 아이들이 보낸 선물이며 본인이 보관하거나 다른 사람에게 줘도 된다고 전달받았다.

편지에 대한 응답률 차원에서 보면 차이가 두드러졌다. 선물을 받은 사람들이 기부할 가능성이 훨씬 컸다. 응답률은 엽서 한 장을 받은 경우 17%, 더 많은 선물을 받은 경우는 75%까지 증가했다.

응답률의 증가와 더불어 기부액의 크기도 증가했다. 작은 선물을 받은 사람들 사이에서는 평균 기부액이 63페니 증가했는데 네 장의 엽서라는 더 큰 선물 혜택을 받은 사람들은 3.65파운드나 증가한 것이다.

⋮ 호혜성과 면전에서 문 닫기 기법 사이의 연결고리 ⋮

여러분은 이렇게 생각하고 있을지도 모르겠다. 호혜성과 면전에서 문 닫기 기법이 어떻게 연결되는 거지?

면전에서 문 닫기 기법을 활용해 요청하는 사람은 처음에 큰 부탁으로 시작해 이어서 작은 부탁으로 마무리한다. 이렇게 두 단계를 거치며 부탁하는 사람이 양보를 얻어내는 것이다. 호혜성의 원칙은 비슷한 양보를 해야 한다는 압박감을 느낀 상대가 작은 부탁을 들어주게 된다는 점을 시사한다.

치알디니 교수의 말을 옮기면 호혜성의 뜻은 다음과 같다. "당신에게 양보해준 사람에게 당신도 양보해줘야 한다."

이 효과를 실제로 어떻게 적용할 수 있는지 살펴보자.

이러한 심리를 어떻게 활용할 수 있을까? ────

⋮ 1. 행동 변화를 위한 두 단계 접근법 활용하라 ⋮

면전에서 문 닫기 기법은 다양한 거래 상황에서 사용될 수 있다. 협상 장면을 떠올려보자. 이 기법은 거절당할 것으로 예상되는 터무니없는 가격으로 시작해 실제로 상대가 퇴짜를 놓으면 그때 더 합리적인 제안을 제시하는 방식으로 적용될 수 있다. 한 번에 바로 요청했을 때보다 두 번째로 제안할 때 받아들여질 확률이 더 높다.

누군가에게 운동을 권유하는 상황도 생각해볼 수 있다. 여러분은 면전에서 문 닫기 기법을 통해 운동 초보들에게 마라톤과 같은 버거운 도전을 권유하는 것으로 말문을 연다. 그런 다음 거절당하면 5km 조깅과 같은 달성하기 쉬운 목표를 제시하는 것이다.

면전에서 문 닫기와 문간에 발 들여놓기 기법은 서로 모순일까?

여러분은 면전에서 문 닫기 기법과 문간에 발 들여놓기 기법이 서로 모순되는 건 아닌지 궁금할 것이다. 두 기법은 어떻게 모두 효과를 발휘할 수 있는 것일까?

우선 그렇게 혼동할 수 있다. 그런데 그 모순이라는 것은 표면적인 느낌일지도 모른다. 두 기법이 달성하려는 목표는 같다. 두 기법 모두 두 단계 접근법으로 목표로 가는 여정의 진정한 첫 시작 단계를 가능한 한 쉽게 만들려는 방식이다.

문간에 발 들여놓기 기법은 굉장히 사소한 첫 번째 행동을 실제 행함으로써 이를 실현한다. 면전에서 문 닫기 기법은 접근 방식이 훨씬 우회적이다. 사람들은 무리한 첫 제안을 받아들일 마음이 전혀 없다. 처음 제안의 역할은 그저 진정한 첫 시작 단계를 비교적 간단하게 보이도록 하는 데 있다.

> 사람들은 처음의 무리한 제안을 받아들일 마음이 전혀 없다. 그 대신 처음 제안은 진정한 첫 시작 단계를 비교적 간단하게 보이도록 해준다.

문간에 발 들여놓기 기법은 첫 번째 단계의 실제 행동 크기에 변화를 주는 반면 면전에서 문 닫기 기법은 지각된 행동 크기에 변화를 준다.

⋮ 2. 이케아IKEA 효과 적용하기 ⋮

2장의 전반적인 주제가 '쉽게 만들기'였지만, 원하는 행동을 어렵게 만드는 전략이 가치 있는 때가 정말로 있다.

이 주장을 뒷받침해주는 증거는 하버드대학교의 마이클 노튼

Michael Norton 교수, 캘리포니아대학교의 대니얼 모촌Daniel Mochon 교수, 듀크대학교의 댄 애리얼리Dan Ariely 교수의 2012년 논문 「이케아 효과The IKEA Effect: When Labor Leads to Love」에서 찾을 수 있다.

이 논문은 아주 흥미진진한 일화로 시작한다. 1950년대는 점점 더 많은 미국 여성이 노동 시장으로 유입되던 때였다. 따라서 점점 더 많은 가정이 맞벌이를 하게 되었다. 미국의 식품 기업 제네럴밀스General Mills의 브랜드 중 하나인 베티크로커는 이러한 추세가 자신들의 홈베이킹 사업에 영향을 미칠 것임을 인지하고 있었다. 직장에서 일하느라 바쁘다는 건 케이크를 처음부터 직접 만드는 시간이 줄어든다는 뜻이었다.

베티크로커는 이 사실을 이용해 인스턴트 케이크 믹스 제품을 출시했다. 이제 케이크를 만들기 위해 해야 할 일은 믹스를 사서 물을 붓고 저은 다음 오븐에 넣으면 그만이었다.

그들은 여유로운 태도로 판매량을 기대했다. 그런데 사회 흐름을 기민하게 파고들어 간편한 제품을 만들었음에도 판매량은 실망스러웠다. 왜 이런 일이 일어났을까?

경영진은 처음엔 당황스러워했으나 시간이 지난 후 제빵 과정을 너무 쉽게 만들었다는 사실을 깨달았다. 어찌 됐든 베이킹의 목적은 칼로리의 빠른 섭취가 다가 아니다. 케이크는 가족이나 친구를 향한 사랑을 나타내는 경우도 많다. 그런데 그 과정이 너무 쉽다면 진심이 담긴 사랑을 얼마나 전할 수 있겠는가?

따라서 베티크로커는 한 가지 절차를 추가해 제빵 과정을 좀 더 복잡하게 만들기로 했다. 이젠 케이크를 만들려면 믹스에 계란을 넣어야 했다.

약간의 수고로움을 더하는 단순한 행동이 사람들에게 이 정도면 괜찮은 음식을 만들었다는 기분을 선사했고, 제품의 판매량은 그때부터 치솟기 시작했다.

일화에서 입증된 증거로

앞선 일화는 아주 훌륭한 이야기다. 하지만 이 사례가 일반적 의미의 사실을 반영하고 있을까?

학자들은 더 자세하게 연구해 보기로 했다. 실험 참가자를 모집해 그중 절반에게 평범한 검은색 이케아 상자를 조립해달라고 요청했다. 연구자들은 이들을 조립자 집단이라고 불렀다. 나머지 절반은 조립하지 않는 사람들로 아무것도 만들 필요가 없었다. 대신 그들에게는 미리 조립된 이케아 상자를 보여주었다.

그런 다음 참가자 전원에게 상자의 가격과 함께 7점 척도로 선호도를 매겨달라고 요청했다.

평균적으로 상자를 조립하지 않은 사람들은 상자에 48센트의 가격을 매겼다. 이와 대조적으로 상자를 조립한 사람들은 78센트를 제시했다. 이는 63%나 높은 가격이다. 게다가 조립자 집단은 그렇지 않은 집단보다 상자에 대한 선호도가 52% 높았다.

연구 결과가 일회성이 아님을 확인하기 위해 노튼과 모촌 그리고 애리얼리 교수는 이케아 상자가 아닌 종이접기 새로 실험을 반복했다. 그들은 일관된 결과를 관찰할 수 있었다.

세 명의 심리학자는 우리가 어떠한 물건을 얻기 위해 약간의 노력을 들이면 그 물건을 더 가치 있게 여긴다고 주장했다. 그들은 이 현상에 '이케아 효과IKEA effect'라는 아주 적절한 이름을 붙였다.

여러분이 제품에 대한 고객의 평가를 높이는 데 관심이 있다면 약간의 마찰을 더하는 것도 좋은 방법이다.

마찰 더하기

마찰을 더하는 방법에는 여러 가지가 있다. 식품업계에서는 블루 드래곤Blue Dragon이 이 원칙을 자사의 카레 키트 제품에 활용해왔다. 카레 재료를 따로따로 나눠서 구성함으로써 키트는 요리하는 사람의 품을 더 많이 요구하게 되고, 결국 이것이 완성된 요리의 만족도를 높인다.

애플Apple 역시 제품 포장에 이 원칙을 적용해왔다. 미국의 저널리스트 톰 밴더빌트Tom Vanderbilt에 따르면, 애플은 제품 개봉 과정에 필요한 적절한 양의 마찰 요소를 더하는 데 수개월이 걸렸다. 그들이 만들어낸 것은 다음과 같다.

새 아이폰이 담긴 패키지를 개봉하는 과정에 완벽한 끌기와 마찰이 더해져 매혹적인 멈춤 현상을 유발할 수 있는 상자. 이 결과물은 그저 세련된 포장 정도가 아니라 세심하게 구성된 하나의 의식이다. 사람들은 결코 과자 봉지를 찢듯 이 상자를 열지 않는다. 아이폰의 세계로 서서히 들어가는 것이다.

심지어 와인도 이 효과의 혜택을 보고 있다. 코르크 마개를 제거하는 수고로움 덕분에 우리는 그 안에 담긴 와인을 마개를 비틀어 여는 병에서 나오는 와인보다 더 높이 평가한다.

이 이야기가 과도한 일반화라고 느껴진다면 이를 뒷받침할 실험 증거가 있다.

2017년 옥스퍼드대학교의 찰스 스펜스Charles Spence와 치엔 왕Qian Wang 교수는 140명의 실험 참가자를 모집해 두 종류의 말벡 와인 시음을 요청했다. 한 집단은 마개를 비틀어 병을 딴 와인을 마셨고, 다른 집단에는 코르크 마개를 사용한 병에 담긴 와인이 주어졌다.

참가자들은 의식하지 못한 채 모두 똑같은 와인을 마셨음에도 병을 열 때 코르크 따개를 사용한 사람들이 와인의 품질을 10% 더 높게, 풍미를 4% 더 진하게 평가했다.

기발한 후속 실험을 통해 두 심리학자는 평가율의 상승 요인이 코르크 마개와 와인 품질을 연관 짓는 일반적 성향보다는 병을 따는 수고로움에 기인한다고 지적했다. 후속 연구에서 사람들은 두 종류의 와인을 시음했는데, 이번에는 직접 병을 따지 않고 다른 사람이 그렇게 하는 소리만 들었다. 어떤 이들은 코르크 마개가 제거될 때 나는 '펑' 소리를 들었고, 다른 사람들은 뚜껑이 틀어지는 소리를 들었다. 이 연구에서는 고급스러운 와인이라고 인지한 비율이 8%로 떨어졌고, 풍미가 더 진하다고 인지한 비율 역시 겨우 1%에 불과했다.

'쉽게 만들기'와 '어렵게 만들기' 전략을 잘 구분해야 한다. 둘 다 브랜드에 긍정적 효과를 가져올 수 있지만 그 효과의 성질은 전혀 다르다. 태도보다는 행동 변화를 우선시한다면 '쉽게 만들기' 전략이 맞으나 품질 인식을 개선하고 싶다면 '어렵게 만들기' 전략이 적절하다. 각 전략을 사용하기에 적절한 순간을 선택할 필요가 있다.

⋮ 3. 여러분이 쏟은 노력의 크기를 고객이 알게 하라 ⋮

앞서 말한 두 전략이 썩 내키지 않는다면 양쪽 모두에게서 최선의 결과를 얻어낼 수도 있다. 이제 우리는 '노력의 환상illusion of effort'이라는 개념에 주목해야 한다.

실험 증거를 논의하기 전에 댄 애리얼리 교수의 이야기를 살펴보자. 이 학자는 콘서트장에서 나이 든 자물쇠공을 만나 지금까지의 그의 경력에 관한 이야기를 들었다. 젊은 견습생 시절엔 일하는 데 몇 시간씩 걸렸고, 때로는 고객에게 문을 부수는 방법밖에 없다고 호소해야만 한 적도 있었다. 하지만 그는 후한 팁으로 노동에 대한 만족스러운 보상을 받았다.

해가 지날수록 그에게 자물쇠를 여는 일은 더 빠르고 쉬워졌다. 그는 몇 분 안에 고객들을 안으로 들여보냈다. 그런데 그의 전문 기술이 보상받기는커녕 고객들은 팁은 고사하고 돈을 내는 것조차 불쾌하게 여기는 듯 보였다는 것이다.

이 자물쇠공의 이야기가 노력의 환상을 설명해준다. 사람들은 어떤 일에 들어간 수고를 목격할 때 그 일을 더 가치 있게 여기는 경향이 있음을 발견한 것이다. 따라서 최종 소비자가 어려움을 겪게 하기보다는 여러분이 브랜드에 얼마나 많은 노력을 쏟았고, 어떤 어려움을 겪었는지 사람들이 인식하도록 해야 한다. 단순한 추측이 아니다. 이 심리 편향을 뒷받침하는 학술적 근거가 존재한다.

2005년 서던캘리포니아대학교의 조교수 앤드리아 모랄레스Andrea Morales는 열심히 노력하는 모습을 보여준 기업에게 소비자가 보상을 주는지 실험했다.

그녀의 연구에서 참가자들은 아파트를 짓는 데 도움을 줄 부동산 중개업자를 고용했고, 그 중개업자가 자신의 선호도에 따라 추천 부동산 목록 10개를 작성했다는 글을 읽었다.

참가자들은 해당 목록이 두 가지 방법 중 하나로 작성되었다고 믿었다. 절반은 중개업자가 손수 목록을 작성하는 데 9시간이나 걸렸다고 생각했다. 반면 나머지 절반은 중개업자가 컴퓨터를 사용해 목록 작성에 1시간밖에 걸리지 않았다고 생각했다.

주어진 시나리오를 읽은 뒤 참가자들은 중개업자를 1점에서 100점까지의 점수로 평가했다. 노력이 덜 들어간 조건에서 사람들은 중개인에게 100점 만점에 50점을 주었으나 상당한 노력이 들어간 조건에서는 점수가 68점까지 올라갔다. 36%라는 굉장한 수치가 증가한 셈이다.

여러분의 노력을 보여주자

시간과 노력만이 결과에 영향을 미치는 요소는 아니다. 투명성 또한 중요하다. 소비자들은 투명성이 잘 유지되고 있는지 확실하게 알고 싶어 한다.

투명성의 중요성은 2011년 하버드비즈니스스쿨의 라이언 부엘 Ryan Buell과 마이클 노턴 교수의 연구에 잘 나타나 있다. 두 사람은 266명의 실험 참가자에게 여러 버전의 모의 여행사이트를 사용해 여행에 필요한 준비사항을 예약하게 했다.

검색 결과를 기다리는 동안 참가자들의 화면은 검색 중인 항공편의 목록이 계속 바뀌거나 혹은 작업의 진행 상태를 보여주는 불투명한 프로그레스 바가 나타났다. 이후 참가자들은 해당 서비스의 가치를 평가했다.

참가자들은 투명성이 향상된, 즉 단순한 프로그레스 바가 아닌 검색 중인 항공편 목록을 볼 수 있을 때 해당 서비스를 8% 더 높게 평가했다.

여러분의 노력이 눈에 보일 수 있게 해야 한다. 여행사이트의 예시처럼 글자 그대로 이를 구현할 수도 있다. 디지털 서비스는 특히 이 방식이 잘 들어맞는다.

PR을 통해서도 노력을 가시화할 수 있다. 다이슨Dyson이 훌륭한 예인데, 그들은 완벽한 진공청소기를 만들기 위해 5,127개의 시제품을 테스트했다는 사실을 정기적으로 홍보한다.

도미노피자Domino's 역시 앱에서 노력의 환상을 잘 활용해 경영 투명성을 강조한다. 고객은 앱에서 자신이 주문한 피자가 만들어지는 과정을 실시간으로 지켜볼 수 있다. 다른 예로는 스페인의 은행 BBVA가 있는데, 이 은행은 고객이 현금 인출을 기다리는 동안 지폐가 계산되는 과정을 보여주는 애니메이션 영상을 ATM 기기에 추가했다.

물리적 세계에 있는 브랜드들에도 기회는 있다.

레스토랑은 손님에게 주방에서 행해지는 고된 노동을 보여주는 방식으로 이 효과를 활용할 수 있다. 2017년에 이루어진 또 다른 실험을 통해 부엘 교수는 손님들이 조리 과정을 볼 수 없을 때보다 조리 과정을 볼 수 있을 때 같은 요리를 22% 더 좋게 평가한다는 사실을 증명했다.

하지만 이러한 심리 편향이 질 나쁜 제품을 정당화하진 않는다는 점은 주의해야 한다. 마지막 실험에서 부엘 교수는 가짜 온라인

데이트 사이트를 제작해 이용자들에게 매칭되는 상대방 프로필의 질을 조작했다. 적절한 상대가 보이기도 했고 부적절한 상대가 보여질 때도 있었다. 또한 그는 웹사이트가 서비스를 위해 기울이고 있는 노력을 투명하게 보여주는지도 다르게 설정했다. 이용자들에게 나이, 키, 위치, 선호도 등과 같은 변수를 활용한 매칭 과정을 보여줄 때도 있었으나 이러한 정보를 숨길 때도 있었다.

부엘이 실험에서 발견한 사실은 명료했다. 참가자들에게 적절한 상대가 보였을 땐 노력의 환상이 매칭 결과에 대한 이용자들의 만족도를 높여주었다. 하지만 부적절한 상대가 나타났을 땐 노력의 투명성이 오히려 서비스에 대한 이용자들 만족도를 떨어트렸다. 이 효과는 브랜드에 대한 사람들의 의견을 뒤집는 게 아니라 강화해주는 것으로 보인다.

제품 디자인과 마케팅 분야에서는 이 같은 심리 편향을 적절히 활용해야 한다. 하지만 우선 여러분의 제품이 훌륭해야 한다는 것이 역시 가장 중요하다.

이 장에서 우리는 '어렵게 만들기' 전략을 통해 얻을 수 있는 효과의 범위를 논의했다. 그런데 우리가 아직 얘기하지 않은 강점이 하나 있다. 바로 메시지를 해석하는 과정에 약간의 어려움을 더하면 사람들이 훨씬 쉽게 기억한다는 개념이다. 브랜딩에 굉장히 유용하기 때문에 별도의 장을 할애할 가치가 있다.

4장

생성 효과를 이용하기

THE ILLUSION OF CHOICE

역 중앙홀을 지나는데 포스터 하나가 눈길을 사로잡는다.

"ㅂㅁ이 암의 원인입니다OB_S_TY is a cause of cancer."

영국 암연구소Cancer Research UK의 포스터였다.

걸음을 잠시 멈추고 생략된 글자를 채워본다.

헤드라인 문구 아래에 자세한 내용이 나와 있다.

"흡연 다음으로 예방 가능한 암의 원인은 무엇입니까?"

당신은 혼잣말로 중얼거린다.

아, 비만이지.

• • •

영국 암연구소의 포스터는 행동과학에서 '생성 효과Generation Effect'라고 알려진 전략을 적용하고 있다. 이 기억 편향은 토론토대학교의 노먼 슬라메카Norman Slamecka와 피터 그라프Peter Graf 교수에 의해 처음 알려졌다.

1978년 두 사람은 학생 24명에게 다양한 단어들이 적힌 카드 세트를 보여주었다. 참가자 절반은 '신속한rapid'과 '빠른fast'처럼 비슷한 의미의 두 단어가 적힌 카드를 받았다. 나머지 사람들에게도 같은 단어 카드가 제시되었으나 반전이 있었다. 짝지어진 카드 중 하나에만 철자가 모두 적혀 있었고 나머지에는 일부 글자가 생략됐다. 이를테면 '신속한rapid'과 '빠른(fas_)' 같은 식이었다.

참가자들이 모든 단어 카드를 읽은 후 연구자들은 그들의 기억력을 테스트했다. 단어를 생성했던 그룹은 단순히 카드를 읽었던 참가자들과 비교해 단어를 기억할 확률이 15% 더 높았다.

⋮ 연구 결과의 업데이트 ⋮

캐나다 심리학자들의 연구 결과는 흥미롭지만, 얼마나 타당한 연구인지 의심스러울 수 있다. 어찌 됐든 표본인 학생 수가 적고 45년 전 연구이기 때문이다. 게다가 그들이 실험에 사용한 단어들은 비즈니스 혹은 마케팅과 관련되지도 않았다.

이러한 결점에 자극받은 나와 광고 대행사 레오버넷Leo Burnett의 마이크 트레한Mike Treharne은 연구를 업데이트하기로 했다. 2020년 우리는 415명에게 자동차, 은행, 뷰티, 슈퍼마켓, 전자제품 이렇게 총 5개의 카테고리에 속한 브랜드명을 읽도록 했다.

어떤 사람들에게는 HSBC은행이라는 브랜드명 전체가 제시되었다. 반면에 다른 사람들은 H_BC 은행과 같이 글자의 빈칸에 뭐가 들어가야 할지 떠올려야 했다. 이후 우리는 참가자들에게 그들이 본 브랜드명을 찾아달라고 요청했다.

우리의 실험 결과는 1978년 최초의 연구 결과를 뒷받침했다. 사람들은 떠올려야 했던 단어의 92%를 기억했고, 이와 비교해 그럴 필요가 없었던 단어는 81%를 기억했다. 이는 사람들의 기억력을 14%나 높여준 셈이다. 반대 관점에서 보면 브랜드명을 읽기만 했을 땐 이름을 기억하지 못할 가능성이 2.5배 더 높았다.

응답을 생성할 때 인지적 노력이 포함되면 정보는 더 오래 기억에 남는다. 이 심리 편향을 어떻게 활용하는지 살펴보자.

이러한 심리를 어떻게 활용할 수 있을까? ─────────

⋮ 1. 생성 효과를 우회적으로 적용하라 ⋮

이 장의 도입부에 언급된 영국 암연구소의 포스터는 실제 2019년부터 게재된 광고였다. 이 사례에서 생성 효과는 직접적으로 적용되었다. 그래프와 슬라메카 교수의 실험이 그대로 광고로

변환되었던 셈이다. 실험 결과는 영국 암연구소가 이 전략을 사용해 사람들의 기억 용이성을 향상시켰음을 암시한다. 하지만 이 전략은 한두 번 적용할 순 있겠으나 반복해서 활용하기엔 너무 속이 들여다보이는 방식일지도 모른다.

행동과학 실험에서는 표면적인 세부 정보에 휘둘리지 않고 핵심 사항에 집중하는 것이 중요하다. 생성 효과가 주는 코어 인사이트는 고객의 참여, 다시 말해 고객에게 약간의 노력을 기울이게 하는 전략이 기억 용이성을 높인다는 데 있다.

광범위하게 쓰이는 이 용어에 담긴 통찰을 생각해보면 적용할 기회도 점점 많아진다. 이제는 고전이 된 데이비드 애봇David Abbott의 《이코노미스트The Economist》 광고를 떠올려 보라.

"나는 《이코노미스트》를 읽은 적이 없다." – 인턴사원, 42세.

이 크리에이터는 어떤 글자도 빠트리지 않았지만 여전히 생성 효과를 활용하고 있다. 요점을 완곡하게 표현했기 때문에 이 카피를 이해하려면 일련의 사고 과정을 거쳐야 하고, 따라서 사람들의 머릿속에 확실히 남게 된다. 이 같은 간접적인 접근법의 강점은 광고 시리즈 전체를 이런 방식으로 운영할 수 있다는 데 있다. 반면 글자가 제거된 광고를 만들 수 있는 기회는 그리 많지 않다.

훌륭한 광고가 기억하기 쉬운 이유는 사람들이 노력할 여지를 남겨두기 때문이다. 여러분은 광고의 의미를 알아낸 것에 스스로 똑똑하다고 느끼고 친구들과 그 의미에 관해 이야기하고 싶어 한다. 창의력이 뛰어난 사람의 기술은 퍼즐을 풀려는 노력과 사람들을 멈춰 세워 생각할 수 있게 하는 적당한 저지력 사이의 균형을 맞추는 것이다.

> 훌륭한 광고가 기억하기 쉬운 이유는 사람들에게 노력의 여지를 남겨두기 때문이다. 여러분은 광고의 의미를 알아낸 것에 스스로 똑똑하다고 느끼고 친구들과 그 의미에 관해 이야기하고 싶어 한다.

광고업계 바깥의 작가들은 독자가 채울 몫을 남겨두는 것의 중요성을 오래전부터 알고 있었다. 1956년 소설가 C. S. 루이스C. S. Lewis는 자신의 젊은 독자인 조앤 랭캐스터Joan Lancaster에게 글쓰기에 관해 다음과 같은 조언을 편지로 썼다.

당신이 묘사하고 있는 대상에 대해 독자들이 어떻게 느끼길 바라는지 알려주는 용도로만 형용사를 쓰진 마세요. 내 말은, 어떤 것이 '끔찍하다'라고 쓰는 대신 우리가 겁에 질릴 수 있게 생생하게 묘사하라는 겁니다. 어떤 일이 '즐거웠다'라고 말하지 말고 우리가 당신의 묘사를 읽고 나서 '즐거웠다'라고 말할 수 있어야 합니다. 알다시피 이 모든 형용사(소름끼치다, 멋지다, 오싹하다, 우아하다 등)는 '제발 제가 해야 하는 일을 대신 해주세요'라고 독자들에게 애걸복걸하는 것이나 마찬가지입니다.

⋮ 2. 질문은 생성 효과를 활용하는 전략일까? ⋮

쉽게 만들기와 어렵게 만들기라는 상충하는 요구의 균형을 맞추는 방법 중 하나는 카피에 간단한 질문을 던져보는 것이다. 대답을 떠올리는 데 들어가는 정신적 노력이 생성 효과로 연결될 수 있다.

그런데 장점이 하나 더 있다. 질문은 설득력도 높여준다.

이에 대한 근거는 2004년 캔자스대학교의 로히니 알루왈리아Rohini Ahluwalia 교수와 오하이오주립대학교의 로버트 번크랜트Robert Burnkrant 교수가 참가자 135명을 데리고 일련의 광고를 보여준 실험에서 찾을 수 있다.

모든 광고는 같은 정보를 담고 있었으나 일부는 질문 형태로, 일부는 문장 형태로 전달되었다. 따라서 이를테면, 한 광고에는 "아반티Avanti 운동화가 관절염의 위험을 줄일 수 있다는 사실을 알고 계셨습니까?"라고 질문을 던진 반면, 다른 광고에는 "아반티 운동화를 신으면 관절염의 위험을 줄일 수 있습니다."라고 쓰여 있었다. 마지막으로 참가자들은 광고에 대한 의견을 9점 척도로 답할 수 있는 질문을 받았다. 광고가 좋았나요, 나빴나요? 광고가 호감이었나요, 비호감이었나요? 광고가 괜찮나요, 형편없나요?

질문형 광고를 본 사람들이 문장형 광고를 본 사람들보다 해당 브랜드를 14% 더 긍정적으로 평가했다.

질문이 더 설득력이 높은 이유는 무엇일까?

심리학자들은 질문이 효과적인 이유가 청자가 통제력을 갖고 있다고 느끼게 해주기 때문이라고 이야기한다. 작가 아서 쾨슬러Arthur Koestler는 "예술가는 관객들을 작품에 연루시킴으로써 그들을 지배한다."라고 말했다.

와튼스쿨의 조나 버거Jonah Berger 교수는 《하버드 비즈니스 리뷰 Harvard Business Review》에서 질문이 이러한 아이디어를 활용해 듣는 이의 역할을 전환한다고 주장한다.

사람들은 자신과 맞지 않다고 느끼는 각종 이유에 대해 생각하거나 반론을 제기하기보다는 당신의 물음에 대답함으로써 그 문제에 대한 자신의 감정 혹은 의견을 정리하는 것이다. 그리고 이러한 역할 전환은 구매 증가로 이어진다. 질문은 자신이 내린 결론을 지키도록 사람들을 장려하는데, 우리가 타인의 리드를 따르는 것을 원치 않을 수 있지만, 스스로 내린 결정을 따르는 일에는 만족하기 때문이다. 질문에 대한 대답은 그냥 대답이 아니다. 그 대답에는 사람들의 개인적인 생각과 믿음, 선호가 반영돼 있다. 그렇기에 질문이 행동을 유발할 가능성이 더 높다.

단지 이론적 주장에만 그치는 얘기가 아니다. 이 전략은 미국 정치사상 가장 훌륭하다고 평가받는 캠페인 중 하나에 활용되었다. 1960년 존 F. 케네디John F. Kennedy가 대통령 선거에 출마했을 때, 케네디 선거 캠프에서는 상대 후보 리처드 닉슨Richard Nixon의 신뢰도 평판이 낮다는 점을 강조하고 싶었다.

케네디 캠프는 상대 후보가 정직하지 않은 사람이라고 직접 언급하는 것을 교묘히 피해갔다. 그러한 행동이 잠재적 닉슨 지지자들의 반발심을 자극할 수도 있었기 때문이다. (반발심리에 관해서는 12장에서 자세히 다룰 것이다. 자율성이 위협받고 있다고 느끼면 사람들은 자유를 강조하는 반응을 보인다는 개념이다.) 대신 그들은 닉슨이 이를 드러내며 웃고 있는 초상화에 다음 문장을 새겨 넣은 포스터를 제작했다. "이 남자에게서 중고차를 사시겠습니까?"

미국 광고대행사 JWT의 전 회장인 제러미 볼모어Jeremy Bullmore에 따르면 이 캠페인은, 의도적으로 청중의 참여를 유발한다. 닉슨의 위태위태한 평판과 교활해 보이는 외모를 효과적으로 활용해 청중의 상상력을 적극적으로 요구하고 이용하는 전략이다.

반발심리를 피하고 싶으면 카피를 바꿔야 한다. 직접적인 언급보다는 사람들에게 질문을 던져보는 게 어떨까?

3. 사람들의 노력을 이끌어 내는 디자인을 활용하라

마지막 활용법은 그 원리의 적용 범위를 카피라이팅 이상으로 확장하는 것이다. 여러분은 디자인을 이용해 광고에 약간의 마찰을 더할 수 있다.

이 아이디어를 연구한 실험은 프린스턴대학교의 대니얼 오펜하이머Daniel Oppenheimer 교수가 진행했다. 2010년 그는 다양한 서체가 기억 용이성에 미치는 영향에 관한 연구를 수행했다.

오펜하이머 교수는 28명의 참가자에게 세 부류의 외계인이 가지고 있는 일곱 가지 특성을 외우도록 요청했다.

그런데 해당 정보는 두 가지 다른 서체 중 하나로 쓰였다. 하나는 깔끔하고 읽기 쉽게 또박또박 쓰인 서체였고, 다른 하나는 조금 읽기 어려운 기울어진 글씨체였다.

이후 그는 참가자들에게 그들이 외운 정보에 관한 질문을 던졌

가독성이 좋은 서체 (부드럽게 읽히는)	가독성이 떨어지는 서체 (읽기에 방해가 되는)
노글레티(The norgletti)	*판제리쉬(The pangerish)*
키는 약 61cm이다	*키는 약 305cm이다*
꽃잎과 꽃가루를 먹는다	*초록색 잎채소를 먹는다*
갈색 눈을 갖고 있다	*파란 눈을 갖고 있다*

출처: Daniel Oppenheimer

다. 읽기 어려운 서체, 즉 마찰 요소가 많은 서체로 정보를 접한 참가자가 읽기 쉬운 글꼴이 주어진 참가자보다 훨씬 많은 내용을 기억하고 있었다. 가독성이 좋은 서체로 쓰인 텍스트는 참가자의 73%만이 내용을 제대로 기억하고 있었던 반면, 가독성이 좋지 않은 서체를 읽은 사람들은 87%가 내용을 기억하고 있었던 것이다.

가독성이 떨어지는 서체는 딱 필요한 만큼의 인지적 마찰을 제공했다. 읽기가 너무 어려워 뇌가 포기하지 않을 정도의 적당한 주의력을 발휘하도록 요구한 것이다.

이는 간단히 적용할 수 있는 전략이다. 메시징의 핵심 목표가 눈길을 사로잡거나 설득이 아닌 기억에 남는 것이라면 살짝 가독성이 떨어지는 글꼴을 사용해보자.

이 장에서 우리는 생성 효과가 어떻게 기억 용이성을 높이는지 알아보았다. 그런데 행동과학자들은 이외에도 기억 용이성을 향상시키는 많은 접근법을 발견했다. 고려해야 할 다른 요소는 운율의 사용이다. 다음 장에서 이 주제를 살펴보도록 하자.

5장

키츠 휴리스틱

기차는 불편하고 비좁다. 마침내 열차가 역에 도착한다.
플랫폼 쪽으로 발걸음을 옮기는데 뒤에서 누군가가 재채기를 한다.
움찔 놀라는 당신. 순간 기침과 재채기가 질병을 퍼트린다는
오래전 광고 카피가 떠오른다.
감염병을 퍼트리려는 승객의 음흉한 시도에 말려들지
않았기를 바라며 출근길을 서두른다.

• • •

'기침과 재채기가 질병을 퍼트린다Coughs and sneezes spread diseases.'
는 슬로건은 스페인 독감이 세계적으로 유행하던 1918~1920년 미
국에서 처음 사용되었다. 영국에는 1942년에 등장했다. 100년도
더 전에 쓰인 카피가 여전히 오늘날에도 사람들에게 영향을 미치

고 있다는 사실이 인상 깊다.

설득력 있는 카피의 일부 특성은 그것이 운을 맞추고 있다는 사실에서 비롯된다. 이는 2000년 라파예트대학교의 매튜 맥글론 Matthew McGlone과 제시카 토피그바크시 Jessica Tofighbakhsh 교수가 수행한 연구의 결론이다.

두 심리학자는 실험의 첫 단계로 사람들에게 덜 알려졌으나 문장의 운이 잘 맞는 속담 목록을 편집했다. 그런 다음 이번에는 아래 주어진 표와 같이 뜻은 그대로 유지하되 운율이 제거된 수정된 형태의 목록을 만들었다.

그리고 맥글론과 토피그바크시 교수는 실험 참가자 100명에게 각 목록에서 예문을 하나씩 무작위로 추출해 총 15개의 속담이 적

운을 맞춘 속담	운을 맞추지 않은 속담
Woes unite **foes**. 고난은 적을 결집하게 한다.	Woes unite enemies.
What sobriety **reveals**, alcohol **conceals**. 맑은 정신은 술이 감추고 있는 것을 보여준다.	What sobriety reveals, alcohol unmasks.
Life is mostly **strife**. 인생은 투쟁이다.	Life is mostly struggle.
Caution and **measure** will win you **treasure**. 신중한 태도와 움직임이 보물을 가져다준다.	Caution and measure will win you riches.
Variety prevents **satiety**. 다양성이 권태를 막아준다.	Variation prevents satiety.

힌 목록을 보여주었다. 즉, 절반은 'Woes unite foes.' 문장을 보았을 것이고 나머지 절반은 'Woes unite enemies.'를 본 셈이다.

연구진은 참가자들에게 목록을 읽은 다음 '인간의 행동을 얼마나 정확하게 묘사하고 있는지'에 따라 속담을 평가해달라고 요청했다. 이 같은 접근법 덕분에 연구자들은 속담의 신뢰도가 형태에 따라 어떻게 달라지는지 비교할 수 있었다.

결과는 명확했다. 운을 맞추지 않은 속담의 평균 신뢰도는 9점 척도에서 5.26점이었으나 운을 맞춘 속담은 6.17점이었다. 신뢰도가 17% 향상된 것이다.

이는 두 조건에서 속담의 의미가 동일했다는 사실을 고려하면 인상적인 상승률이다. 두 심리학자의 말에 따르면 이러한 효과는 '운율이 제공하는 처리 유창성 향상의 산물'이다. 핵심은 정보를 처리하기 수월할수록 정보의 신뢰도가 높아진다는 데 있다. 사람들은 처리의 용이성과 진실성을 혼동한다.* 두 학자는 운이 맞는 문장의 신뢰성이 더 높은 현상을 '압운의 이성적 설득 효과' 혹은 '키츠 휴리스틱Keats heuristic'이라고 이름 붙였다.

---

* 이 주장은 오래된 선례가 있다. 독일의 철학자 프리드리히 니체는 1878년 저서 『즐거운 학문(The Gay Science)』에서 "우리 중 가장 현명한 사람이라도 여전히 운율에 속곤 한다. 우리가 때로 어떤 생각이 더 진실한 이유를 그것이 운문 형태를 취하며 그로 인해 그 자체로 비범한 번뜩임과 놀라움을 표현할 수 있다고 여기는 한."이라고 썼다.

정보를 처리하기 수월할수록 정보의 신뢰도는 높아진다.

이론상으로는 다 좋은 말처럼 들린다. 그렇다면 우리는 키츠 휴리스틱을 어떻게 활용할 수 있을까?

이러한 심리를 어떻게 활용할 수 있을까? ────

⋮ 1. 신뢰도를 높이려면 운율을 더 자주 활용하라 ⋮

이 원리는 브랜드와 잠재 고객을 갈라서게 만드는 신뢰 격차를 줄이는 데 도움이 될 수 있기 때문에 유용하다. 2020년 글로벌 여론조사기관 입소스모리IPSOS MORI는 2,000명에 가까운 영국 성인들에게 광고사 대표들이 일반적으로 진실을 말한다고 믿는지 그렇지 않은지 질문했다. 겨우 13%만이 그들의 말을 믿는 편이라고 대답했다. 이 숫자는 정치인, 장관, 심지어 부동산 중개인을 상대로 한 대답보다 안 좋은 결과였다.

그럼에도 키츠 휴리스틱은 해결책을 제시한다. 카피에 운율과 같은 수사적 장치를 활용해서 고객의 신뢰도를 높이라는 것이다.

이 제안이 무리한 전략처럼 느껴질지도 모르겠다. 오늘날 속담이 유용하게 쓰이기엔 너무 옛날 얘기가 아닌가 싶은 걱정이 들 수도 있다. 하지만 맥글론과 토피그바크시 교수는 그러한 고정관념에 이의를 제기한다.

두 사람은 논문을 통해 현대 사회에서 사람들을 효과적으로 설득하는 운율 효과의 예로 1994년에 열린 O. J. 심슨O. J. Simpson의 재판을 강조한다. 이 사건의 결정적인 순간 중 하나가 피고 측 변호사 조니 코크런Johnnie Cochrane이 "만약 장갑이 맞지 않으면 무죄를 선고해야 합니다If the gloves don't fit, you must acquit."라고 변론했을 때다. 만일 변호사가 담백하게 "만약 장갑이 맞지 않으면 유죄라고 단정지어선 안 됩니다If the gloves don't fit, you must find him not guilty."라고 말했다면 그의 변론이 효과를 발휘했을까? 아마 아닐 것이다.

물론 이건 일화에 지나지 않는다. 하지만 운율이 광고 효과를 개선할 수 있다는 실험 증거 역시 존재한다. 2013년 노르웨이 오슬로 대학교의 페트라 필쿠코바Petra Filkuková 교수와 노르웨이과학기술대학교의 스벤 호로아르 클렘페Sven Hroar Klempe 교수는 의류 브랜드 에고EGO와 식단 관리 브랜드 베터라이프Better Life를 비롯한 다양한 브랜드의 슬로건을 만들었다. 슬로건은 운율이 있는 버전과 없는 버전이 있었다.

두 심리학자는 실험 참가자 183명에게 슬로건을 보여주었는데, 절반은 운율이 있는 문구를, 나머지 절반은 운율이 없는 문구를 받았다. 설문에서 운율이 있는 슬로건을 본 참가자들이 해당 슬로건을 22% 더 믿을 만하다고 평가했다. 게다가 해당 브랜드를 사용해볼 의향도 10% 더 높았다.

⋮ 2. 기억에 오래 남으려면 운율을 활용하라 ⋮

운율 효과의 장점은 신뢰도를 넘어 다른 영역으로도 확장된다. 운율이 있으면 기억하기도 쉽다. 2017년 알렉스 톰슨Alex Thompson 과 나는 언론사 직원 36명에게 5분 동안 10개의 문장이 담긴 목록을 읽게 하는 예비 연구를 진행했는데, 10개 문장 중 절반만 운을 맞췄다. 그날 이후 우리는 참가자들에게 기억을 되살려 최대한 많은 문장을 목록으로 작성해달라 요청했다.

결과는 확실했다. 운율이 들어간 문장은 29%를 기억해낸 반면 운율이 들어가지 않은 문장은 14%밖에 기억하지 못했다. 기억 용이성에서 두 배 이상 차이가 난 것이다.

하지만 이 발견이 얼마나 가치가 있을까? 광고주들은 이미 운율의 이점을 알고 있지 않은가? 어쨌든 카피라이팅에서 이 기법은 꽤 많이 활용된다. 아래 목록을 훑어보자.

We all **adore** a **Kia-Ora***.
키아-오라가 좋아요. (* 과일 탄산음료 브랜드)

You only get an **oo** with **Typhoo**[*].

타이푸 티를 마시면 '우' 소리가 나오게 될 거예요. (* 영국의 홍차 브랜드)

Easy peasy lemon **squeezy**.

초간편 레몬 스퀴지 세제. (* 영국 세제 브랜드 스퀴지Sqezy 슬로건. 해당
문구 자체가 '식은 죽 먹기'라는 뜻이다.)

Once driven, forever smitten.

한 번의 드라이브로 영원히 매혹당하다. (영국 자동차 회사 복스홀
Vauxhall 슬로건)

For **mash**, get **smash**[*].

매시드 포테이토는 스매시. (* 영국 매쉬드 포테이토 브랜드)

It's a lot less **bovver** than a **hover**.

잔디깎기보다 훨씬 조용합니다. (영국의 잔디깎기 기계 슬로건)

Don't be **vague**, ask for **Haig**[*].

애매하게 마시지 말고 헤이그를 찾으세요. (* 위스키 브랜드)

Once you **pop**, you can't **stop**.

한 번 열면 멈출 수 없을걸. (감자칩 브랜드 프링글스 슬로건)

No battery is **stronger longer**.

이보다 더 오래가는 건전지는 없습니다. (건전지회사 듀라셀 슬로건)

A Mars[*] **a day** helps you work, rest and play.

하루에 마스 초콜릿 하나면 일하고 쉬고 놀 수 있어요. (* 미국의 초콜
릿 브랜드)

Beanz Meanz Heinz.

콩하면 하인즈 (미국 식품회사 하인즈 슬로건)

목록이 꽤 길지만 문구들을 다시 한번 살펴보자. 여러분은 어떤 점이 눈에 들어오는가?

위 문구가 전부 30년 이상 된 슬로건이라는 사실을 눈치채셨는지? 헤이그의 슬로건은 1930년대에, 하인즈의 슬로건은 1960년대에 쓰였다. 스매시의 슬로건은 1970년대에 만들어졌다. 최근 20년간 이 정도로 상징적인 운율이 들어간 문구가 있었는지 떠올리기는 무척 어렵다. 운율은 이미 유행에서 멀어졌기 때문이다.

이건 추측이 아니다. 사진작가 알렉스 보이드Alex Boyd와 나는 아침이면 뉴스 UKNews UK 아카이브에서 1977년으로 거슬러 올라가 《더 타임즈》와 《더 선The Sun》에 실린 광고를 아주 열심히 분류하며 시간을 보냈다. 우리가 찾아낸 패턴은 명확했다. 지난 10년 동안 운율이 두드러지는 광고의 수가 절반으로 뚝 떨어졌다. 2007년 인쇄 광고에서 운율이 포함된 경우는 30년 전의 10%에 비하면 약 4%에 불과했다.

왜 운율을 포기하게 되었을까?

그런데 광고주들이 이처럼 강력한 기법을 무시하는 이유는 무엇일까? 운율이 마케터들에게 동기부여가 되는 요인이 아니기 때문일 수 있다.

광고 제작자들은 동료의 '선망'을 원한다. 당연한 일이다. 하지만 전문가에게 어떤 수준의 찬사를 받는 일이 효과적인 광고를 만드는 일과 똑같진 않다. 우리의 동료들, 다시 말해 광고 전문가들은 대개 세련된 기법에 깊은 인상을 받는다. 이런 경향은 운율과 같은 단순한 해결책은 수준이 떨어진다는 조롱으로 이어진다.

경영학자 나심 니콜라스 탈레브Nassim Nicholas Taleb는 광고 대행사들에게 '스킨 인 더 게임skin in the game,(자신이 책임을 안고 직접 현실 문제에 참여하라는 뜻-옮긴이)'의 태도가 없기 때문이라고 주장할 것이다. 다시 말해 광고 대행사의 성공은 광고로 발생한 수입만으로는 판단할 수 없는 것이다. 이게 문제를 낳는다. 탈레브는 다음과 같이 말했다.

선택에 대한 책임을 지지 않는 사람들이 만들어낸 것들은 (마침내 무너지기 전에) 복잡한 양상을 띠는 경향이 있다. 책임을 회피하는 사람들은 간단한 해결책을 제안하는 일에서 그 어떠한 이익도 보지 않는다. 당신이 결과가 아닌 인식으로 보상을 받는다면 정교함을 보여줄 필요가 있다. 학술지에 논문을 제출해본 사람이라면 누구나 필요 이상으로 복잡하게 써야 채택 확률이 높아진다는 사실을 알고 있다.

하지만 행동과학이 말해주는 한 가지 주제는 단순한 해결책이 효과가 더 높다는 것이다. 행동과학에 대한 지식이 더 널리 퍼져서 이미 검증되고 신뢰할 수 있는 (그리고 단순한) 전략이 다시 주목받기를 바란다.

이제 처리 유연성에 영향을 미치는 다른 단순한 전략 몇 가지를 살펴본 후 다음 장으로 향할 것이다.

⋮ 3. 두운이 정확성을 높인다 ⋮

오랜 세월 작가와 시인들이 독자들에게 읽는 재미를 더해주고자 사용해온 미사여구는 대개 글의 유창성을 높여준다. 두운법도 그런 기술 중 하나다.

2022년 인사이트 분석가 해미시 브롬리Hamish Bromley와 행동과학 컨설턴트 조애나 스탠리Joanna Stanley와 함께 나는 두운이 신뢰도와 기억 용이성을 높이는 데 운율만큼 효과가 있는지 알아보는 연구를 진행했다. 맥글론과 토피그바크시가 한 것처럼 우리도 두운법이 쓰인 것들 중 상대적으로 덜 알려진 속담 10개를 찾은 후 해당 속담들을 다시 평범한 문장으로 고쳐 썼다. 속담 목록은 다음의 표에서 확인할 수 있다.

실험 참가자들에게 각 목록에서 5개씩 10개의 속담을 보여주고 9점 척도로 각 속담의 신뢰도를 평가해달라고 요청했다. 데이터를 분석하자 두운이 적용된 속담은 신뢰도에서 6.11점을 얻었지만, 두

두운법이 쓰인 속담	두운법이 제거된 속담
Be a worthy **wor**ker and **wor**k will come. (가치 있는 일꾼이 되면 일이 찾아올 것이다)	Be a valuable worker and jobs will come.
Sleep **s**oftens **s**orrow. 잠이 걱정을 덜어준다.	Sleep lessens worries.
Favour the **fa**ct, **fo**rgive the **fl**aw. 사실을 참작하고 결점에 관대하라.	Consider the facts, overlook the mistake.
He who **r**ests grows **r**usty. 쉬는 사람은 녹슬어 간다.	He who rests loses ability.
Great losses are **g**reat lessons. 큰 실패는 커다란 교훈이 된다.	Great losses are valuable teachings.
Good **d**eeds **d**ie when **d**iscussed. 선행은 모르게 하라.	Good deeds go to waste when spoken.
Courage **k**ills **c**omplications. 용기는 장애물을 뛰어넘게 해준다.	Courage erases difficulty.
Barking dogs seldom **b**ite. 짖는 개는 물지 못한다. (빈 수레가 요란하다.)	Barking dogs seldom wound.
A **b**reak will help you **b**lossom. 휴식은 성장에 도움이 된다.	A break will help you flourish.
Many **m**en have **m**any **m**inds. 사람 마음은 각양각색이다.	Many men have numerous minds.

운이 제거된 속담은 5.72점에 그쳤다. 이는 신뢰도에서 7%가 개선되었음을 보여준다.

과제를 완수한 참가자들은 몇 시간이 대기 후 다시 돌아와 최대한 많은 속담을 기억해내려 했다. 이 경우에는 두 유형의 속담 간 결과 차이가 더욱 두드러졌다. 사람들은 평균적으로 두운이 적용된 속담의 66%를, 그렇지 않은 속담의 54%를 기억해냈다. 이는 기억 용이성에서 22% 향상된 결과를 나타낸다.

⋮ 4. 안전해 보이고 싶다면 쉬운 이름으로 ⋮

맥글론과 토피그바크시 교수가 처리하기 쉬운 정보일수록 신뢰도가 높아진다고 한 주장을 떠올려 보자. 사람들은 처리 용이성과 진실 여부를 혼동한다. 그런데 유창성의 강화는 신뢰도 향상으로만 이어지지 않는다. 미시간대학교의 송현진Hyunjin Song과 노버트 슈워츠Norbert Schwarz 교수에 따르면, 유창성은 사람들이 위험을 어떻게 평가하는지에도 영향을 미칠 수 있다.

2009년 두 학자는 실험 참가자들에게 가상의 식품 첨가제 목록을 보여주었다. 히네그리피트롬Hnegripitrom처럼 발음하기 어려운 이름도 있었고, 매그날록세이트Magnalroxate처럼 비교적 발음하기 쉬운 이름도 있었다. 그리고 나서 연구진은 참가자들에게 해당 첨가제가 얼마나 해롭다고 생각하는지 7점 척도로 표기해달라고 요청했다. 1점은 매우 안전, 7점은 매우 해로움을 의미했다.

발음하기 어려운 첨가제는 평균 점수가 4.12점이었고 발음하기 쉬운 이름은 3.70점이었다. 발음하기 어려운 이름을 11% 더 해롭다고 인식한 셈이다.

연구진은 발음 용이성이 얼마나 위험하다고 인식되는지와 연결

된다고 주장했다. 이 인사이트는 광고 전문가들이 쉽게 적용할 수 있다. 고객에게 의약품이나 새롭게 출시할 제품이 안전함을 강조하고 싶다면 발음하기 쉬운 브랜드명을 선택해야 한다.

그런데 제품의 자극적이거나 모험적인 측면을 강조하고 싶은 경우도 있을 것이다. 이럴 땐 발음하기 어려운 이름을 짓는 것이 좋다. 실제로 연구진이 가상의 테마파크 놀이기구로 이 아이디어를 검증했다. 그들은 발음하기 어려운 이름의 놀이기구가 더 아슬아슬할 뿐 아니라 더 흥미로웠다는 평가를 받았음을 발견했다.

⋮ 5. 맞춤형 서체를 사용하라 ⋮

송현진과 슈워츠의 연구는 단어 선택을 넘어 시각 효과로까지 확장된다. 2008년 두 사람은 서체의 종류가 처리 유창성과 난이도 인식에 미치는 영향을 연구했다. 실험에서 연구진은 참가자들에게 다음과 같은 지침을 주었다.

턱을 가슴에 닿도록 자세를 웅크린 다음에 턱을 최대한 위로 들어 올려 가슴을 펴세요. 이 동작을 6~10번 반복하세요.

일부 참가자들에게는 가독성이 좋은 서체(Arial, 12포인트)로 지시 사항이 주어졌고, 나머지 참가자들은 같은 내용을 가독성이 떨어지는 서체(Brush, 12포인트)로 읽어야 했다.

Arial   *Brush*

가독성과 유창성이 뛰어난 서체를 할당받은 집단은 해당 동작을
하는 데 8.2분이 걸릴 것으로 생각한 반면, 다른 집단은 15.1분이
걸릴 것으로 추측했다. 어느 정도 힘을 들여야 하는지에 대한 인식
이 두 배 가까이 차이가 난 셈이다. 연구진의 말에 따르면,

> 사람들은 지침을 읽는 게 어려우면 동작도 어려울 것이라고 잘못 이
> 해한다 … 쉽거나 어려운 느낌에 민감하지만, 그 느낌이 어디에서 기
> 인하는지에 대해서는 둔감하다. 결과적으로 사람들은 현재 주의를
> 기울이고 있는 대상이 어렵다고 판단되면 실제로도 어려울 것이라고
> 오해한다.

다시 말하지만, 이러한 발견은 실생활에도 함의를 지닌다. 사람
들이 과제를 쉽다고 지각하길 바란다면 가독성이 좋은 서체를 사
용하고, 어려움을 강조하고 싶다면 가독성이 떨어지는 서체가 더
적절하다.

요리를 예로 들어보자. 여러분이 밀키트 제조업자라면 읽기 쉬운

서체를 써야 소비자들에게 조리법이 간단하다고 설득할 수 있을 것이다. 하지만 고급 레스토랑을 운영하고 있다면 생각이 달라질 수 있다. 아마 이 화려한 음식을 만드는 데 얼마나 많은 노력을 기울였는지 강조하고 싶어질 것이다. 그렇다면 읽기 어려운 서체를 사용하는 편이 좋다.

비록 심리학자들은 최근에서야 통제된 환경에서 운율과 두운이 발휘하는 힘을 밝혀냈긴 했으나, 시인들은 수천 년 동안 직관적으로 알고 있던 사실이다.

사실 학자들과 광고 전문가들이 고대의 작가들에게서 배울 수 있는 점들이 많다. 다음 장에서 우리는 호메로스Homeros와 키케로Cicero의 시대로 거슬러 올라갈 만큼 오래전부터 사용된 전략을 살펴볼 것이다. 바로 구체적 언어의 힘이다. 다음 장으로 넘겨 자세한 내용을 확인해보자.

6장

구체적인 표현 사용하기

회사에 도착하니 고객들과의 미팅이 기다리고 있다.

회의실에 들어서니 모두가 자리에 앉아 있다.

상사가 최대한 침착하게 슬라이드를 화면에 띄우려 애쓰고 있다.

당신은 시간을 벌기 위해 회의실에 앉아 있는 모두에게

자기소개를 하며 활기차게 악수를 청하고 간단한 대화를 나눈다.

마지막 고객에게 자기소개를 하자 당신과 만난 적이

있다고 알려주는 그녀. 그것도 두 번이나.

당신은 허겁지겁 죄송하다고 말한다.

• • •

사람들의 얼굴을 잊어버리는 일로 부끄러워할 필요는 없다. 여러 분만 그런 게 아니다. 우리가 받아들이는 방대한 양의 정보는 대부분 순식간에 잊히곤 한다.

사실 기억의 불완전성은 심리학의 가장 오래된 주제라 볼 수 있는데, 1885년 독일의 심리학자 헤르만 에빙하우스Hermann Ebbinghaus의 연구로까지 거슬러 올라간다. 그는 '망각 곡선the forgetting curve'이라는 용어를 만들어 우리가 정보를 잊어버리는 속도를 설명했다. 망각 곡선은 예측 가능한 패턴을 따르는 경향이 있다. 기억력이 가장 급격하게 떨어지는 시기는 우리가 새로운 사실을 알게 된 직후다. 시간이 지나면서 점점 많은 내용이 잊히긴 하나 망각의 속도도 점점 느려진다.

100년도 더 전에 발견된 개념인 망각 곡선은 지금도 여전히 유효하다. 암스테르담대학교의 야프 뮈러Jaap Murre 교수는 2015년 에빙하우스의 실험을 재개했는데, 비슷한 결과를 얻었다.

그런데 에빙하우스가 우리의 망각에 관해서만 설명한 건 아니었다. 그는 망각을 극복하는 전략 또한 제시했다. 그의 발견 중 가장 주목해야 할 사실은 일정한 간격으로 정보를 반복해서 읽으면 망각 속도를 늦출 수 있다는 것이다. 그런데 반복이 효과적이긴 하나 마케터의 입장에서는 비용이 많이 드는 전략이다. 다행스럽게도 기억력 향상에 도움을 줄 수 있는 데다 비용도 덜 드는 행동과학 연구들이 있다.

반복이 효과적이긴 하나 마케터들에겐 비용이 많이 드는 전략이다. 다행스럽게도 기억력 향상에 도움을 줄 수 있는 데다 비용도 덜 드는 행동과학 연구들이 있다.

해당 연구를 살펴보기 전에 간단한 활동을 해보자. 다음은 두 단어로 이루어진 문구들의 목록이다. 아래 문구들을 천천히 훑어본 다음 종이로 가려보자.

사각형 문

불가능한 양

녹슨 엔진

그럴듯한 변명

불타는 숲

명백한 사실

근육질의 신사

공동의 운명

하얀 말

미묘한 오류

이제 기억나는 대로 최대한 많이 써 보자. 어떤 단어들이 기억나는가? 분명 '사각형 문'이나 '근육질의 신사'와 같이 물리적으로 존재하는 것을 구체적으로 묘사한 문구를 가장 쉽게 떠올렸을 것이다. 반대로 '공동의 운명' '그럴듯한 변명'과 같이 추상적인 개념들은 거의 잊어버리지 않았는가?

만약 그럴 경우, 웨스턴온타리오대학교의 심리학자 이언 베그Ian Begg에 따르면 여러분의 경험은 일반적이다. 1972년 그는 25명의 학생을 모집해 그들이 방금 읽은 것들을 포함한 두 단어로 된 문구 20개가 적힌 목록을 읽게 했다. 그런 다음 참가자들에게 최대한 많이 문구를 떠올리도록 했다.

결과는 명료했다. 사람들은 추상적 단어의 9%, 구체적 단어의 36%를 기억해냈다. 4배라는 놀라운 차이를 보인 셈이다.

베그의 연구 결과 측정치가 인상적이긴 하나 상업적 관점에서 연구의 타당성을 우려할 수 있다. 가장 먼저 표본이 문제다. 25명의 학생은 대표성이 있다고 볼 수 없는 극소수의 사람들이다.

두 번째 문제는 단어의 선택이다. '녹슨 엔진'과 '근육질의 신사'와 같은 표현은 (어쨌든 특정 분기점 이전까지는) 광고에서 자주 쓰이는 문구가 아니다.

마지막으로는 타이밍이다. 실험에서 베그는 사람들에게 자신이 문구들을 읽어 준 다음 즉시 기억 여부를 확인했다. 흥미로운 지점이긴 하지만 통상 브랜드는 훨씬 오래 기억될 메시지가 필요하다.

이러한 결함 때문에 2021년 레오버넷의 마이크 트레한과 나는 베그의 연구를 조금 변형해서 다시 수행했다. 우리는 먼저 425명이라는 훨씬 믿을 만한 표본을 모집했다. 그 후 실험 참가자들에게 추상적인 것과 구체적인 것이 섞인 문구 10개가 적힌 목록을 주었다. 문구들은 모두 실제 광고에서 볼 수 있는 것들이었다.

구체적 표현의 예는 다음과 같았다.

빠른 자동차

스키니 진

캐슈넛

용돈

행복한 암탉

추상적 표현의 예는 다음과 같았다.

혁신적인 품질

신뢰할 수 있는 출처

핵심 목표

건강한 영양 섭취

윤리적 시각

마지막으로 우리는 시간을 조정했다. 문구를 듣자마자 기억해내는 게 아니라 5분의 여유를 둔 것이다. 이는 광고가 기억되어야 하는 만큼의 시간은 아니지만, 어느 정도는 현실적인 조치였다.

결과는 본래 연구보다 훨씬 더 뚜렷하게 나타났다. 참가자들은 구체적 표현의 6.7%를 기억한 반면 추상적 표현은 0.7%밖에 기억하지 못했다. 이는 무려 10배 차이다. 구체성에 관한 실험 결과는 베그의 연구가 궤변이 아님을 보여준다.

실생활에서도 위 실험 연구들을 뒷받침하는 근거를 찾을 수 있다. 『스틱!Made to Stick』에서는 예일대학교의 고전 연구가 마이클 헤브룩Michael Havelock의 고대 이야기에 관한 분석을 설명한다. 헤브룩에 따르면, 『오디세이The Odyssey』와 『일리야드The Iliad』처럼 구전된 이야기들에는 추상적인 묘사는 거의 없고, 구체적 표현이 풍부하다. 그는 이야기가 구전될 때 추상적 표현들은 잊히고 사라지는 동안 구체적 표현들은 사람들의 머릿속에 남았다고 주장한다.

시각은 '가장 예민한' 감각인가?

그런데 이처럼 의사소통 기법 사이 기억 용이성의 차이를 설명해주는 요인은 무엇일까? 베그는 구체적 표현이 더 착 달라붙는 이유가 시각화할 수 있기 때문이라고 주장한다.

이러한 생각의 뿌리는 오래전부터 이어져 왔다. 고대 시대로 돌아가면 로마의 웅변가 키케로는 기원전 55년에 다음과 같이 말했다.

우리의 모든 감각 중 시각이 가장 예민하다. 때문에 결과적으로 청각
이나 다른 기관에서 받아들인 지각이 시각을 매개로 우리 마음에 전
달된다면 가장 쉽게 기억될 수 있다.

즉 베그와 마찬가지로 키케로 역시 우리가 어떤 개념에 접할 때
마음의 눈으로 이미지를 그리며 기억하는 편이 좋을 것이라고 주장
한다. 이제 여러분이 구체성을 어떻게 활용할 수 있는지 살펴보자.

이러한 심리를 어떻게 활용할 수 있을까? ──────

⋮ 1. 언어에 신경 써라 ⋮

마이크 트레한과 함께 진행한 연구는 기억력에서 거의 10배 가
까이 차이 나는 엄청난 변화를 보여주었다. 기억 편향에 관한 다른
연구들이 10% 내지 20%의 효과를 기록한 것을 고려할 때 이 아이
디어를 읽고 지나치기보다는 확실하게 적용하는 것이 중요하다.

다행히 적용하는 방법은 간단하다. 가능할 때마다 여러분의 카
피에서 추상적 언어는 제거하고 구체적 어휘로 대체하면 된다.

이 방법이 모호하다고 느껴지면 사례를 하나 살펴보자. 애플의 초기 아이팟iPod 광고를 떠올려 보자. 당시 타사 MP3 플레이어가 메가바이트급의 저장 용량을 자랑스럽게 떠벌리는 동안 애플은 '주머니 속에 담긴 1,000곡의 노래'라는, 상당히 와닿는 표현을 사용했다. 소비자는 청바지 주머니 속에 담긴 이 기기에 자신이 좋아하는 모든 곡을 손쉽게 저장하는 그림을 떠올릴 수 있었던 것이다. 이와 같은 시각화 행동은 소비자의 마음에 카피를 새기는 데 도움이 되었다.

애플처럼 구체적 표현을 선호하는 기업은 드물다. 영국의 부동산 거래 사이트 라이트무브Rightmove의 '여러분의 행복을 찾으세요Find Your Happy' 혹은 히타치Hitachi의 '미래를 밝히는 영감Inspire the Next' 처럼 모호하고 추상적인 표현에 매료된 브랜드가 너무 많다.

하지만 잊히기 쉬운 추상적 카피가 인기를 끈다는 것은 여러분의 기회이기도 하다. 카피를 단순하게 수정하여 여러분의 브랜드가 경쟁사 제품보다 사람들의 기억에 남길 수 있기 때문이다.

⠇ 2. 고객이 제품 사용을 상상할 수 있게 하라 ⠇

생생하게 그려지는 언어를 사용하면 여러분의 카피가 더 기억에 남는다. 그런데 잠재 고객이 제품을 사용하는 이미지를 시각화하도록 장려하는 행동에는 또 다른 이점이 있다.

2011년 브리검영대학교의 라이언 엘더Ryan Elder 교수와 미시간대학교의 아라나 크리시나Aradhna Krishna 교수는 그들의 표현에 따르면 '지각적 유창성perceptual fluency'에 관한 연구를 수행했다.

두 사람은 321명의 참가자에게 먹음직스러운 조각 케이크와 접시의 오른쪽 혹은 왼쪽에 포크가 놓여 있는 이미지를 보여주었다. 이후 참가자들은 왼손잡이인지 오른손잡이인지 질문을 받은 다음 구매 의사를 표현했다.

자신이 잘 쓰는 손과 포크의 방향이 일치할 때, 다시 말해 오른손잡이인 사람이 오른편에 포크가 있는 사진을 봤을 때 참가자들은 케이크에 대한 구매 의사가 35% 더 높았다. 연구진은 이미지를 보는 사람이 케이크를 먹는 상상을 하기에 자연스러운 방식으로 포크를 배열했고, 여기서 오는 만족감이 구매 의도를 촉진했다고

케이크 사진

출처: Tom Shotton

결론지었다.

따라서 가능하다면 고객이 여러분의 제품을 사용하는 상상을 할 수 있게 도와야 한다. 이미지에 변형을 가하든, 언어 표현이든 증강 현실과 같은 첨단 기법을 사용하든 말이다.

하지만 모든 연구가 그러하듯 맥락의 차이는 존재한다. 2011년 엘더 교수는 수프 광고 시리즈로 비슷한 실험을 진행했다. 이번에는 요리 자체의 매력을 변수로 두었다. 일부 사람들은 인기 있는 맛(아시아고 치즈와 토마토)의 수프 광고를 봤고, 다른 사람들은 선호도가 낮은 맛(코티지 치즈와 토마토)의 광고를 봤다.

엘더 교수가 수프를 맛보는 상상을 쉽게 할 수 있도록 하자 흥미로운 결과가 나타났다. 탐이 날 정도로 제품이 마음에 들면 구매 의향이 24% 정도 상승했으나 제품이 마음에 들지 않으면 구매 의향 역시 26% 정도 감소했다.

노력의 환상과 마찬가지로 지각적 유창성은 배수 효과가 있는 듯 보인다. 수프를 먹는 기분 좋은 소리를 쉽게 상상할 수 있으면 구매 의향이 더 증가했다. 하지만 맛 없는 수프를 먹는 상상은 구매 욕구를 훨씬 감소시켰다.

⋮ 3. 무조건 간단명료하게 ⋮

구체적인 언어 사용의 다른 이점은 간결해질 수 있다는 것이다.

그리고 간결한 언어의 효과는 광고업계에 잘 나타나 있다.

이 주장에 대한 근거는 프린스턴대학교의 심리학자 대니얼 오펜하이머의 논문에서 찾을 수 있는데, 이 논문의 제목은 역대 최고일지도 모른다. 바로 「필요성과 무관한 학계 전문 용어를 사용한 결과: 불필요하게 긴 단어를 사용하는 문제Consequences of Erudite Vernacular Utilized Irrespective of Necessity: Problems with Using Long Words Needlessly」다.*

이 연구에서 참가자들은 대학원 지원서, 사회학 학위 논문 초록, 데카르트 작품 번역 등이 포함된 샘플 텍스트를 읽었다. 일부 참가자들은 장황하고 전문 용어가 잔뜩 쓰인 원본을 읽었고, 다른 참가자들은 불필요하게 복잡한 어휘가 다른 간결한 어휘로 바뀐 편집된 버전을 받았다.

마지막으로 오펜하이머는 참가자들에게 저자들의 지능을 평가

---

* 학술지의 제목이 대체로 평이하긴 하나 오펜하이머가 보기 드물게 유머를 가미한 유일한 학자는 아니다. 일례로 말리 반 다이크(Marley Van Dyke)의 「환상적인 효모, 어디서 찾을 것인가: 이형성 병원 진균에게서 발견된 신비로운 다양성(Fantastic yeasts and where to find them: the hidden diversity of dimorphic fungal pathogens)」라는 논문이 있는데, 이 글은 2019년에 학술지 《현대 미생물학 동향(Current Opinion in Microbiology)》에 실렸다. 2011년에 에리카 칼슨(Erika Carlson)이 《성격 및 사회 심리학지(Journal of Personality and Social Psychology)》에 쓴 논문 「당신의 이야기에 해당할일 수도 있는 논문: 나르시시스트가 인식하는 자신의 성격과 평판(You probably think this paper's about you: Narcissists' perceptions of their personality and reputation)」도 있다. 심지어 헤더 옥센틴(Heather Oxentine)이 2017년에 《미국 중독의학 저널(American Journal on Addictions)》에 쓴 「의료용 마리화나: 우리 모두에게 마리화나용 파이프가 지급될 순 없는가?(Medical Marijuana: Can't We All Just Get a Bong?)」라는 제목의 논문도 있다.

해달라고 요청했다. 간결한 버전의 글을 읽은 사람들은 훨씬 복잡한 원문을 읽은 사람들보다 저자들에게 13% 더 높은 점수를 주었다.

이 결과가 중요한 이유는 대다수 브랜드가 이러한 행동 양식에 역행하기 때문이다. 언어 자문회사 링구아브랜드Linguabrand에 따르면, 영국인의 평균 독서 연령이 13.5세인데, 브랜드 웹사이트의 평균 독서 연령은 17.5세다. 그들은 이러한 현상의 이유가 다루는 주제 때문만은 아니라고 주장한다. 《파이낸셜타임즈Financial Times》는 훨씬 더 복잡한 사안을 전달하는데도 평균 독서 연령이 16세이다.

그럼에도 이 문제를 설명하는 데 좀처럼 오해가 사라지지 않는다. 많은 전문가가 복잡성이 지능을 나타낸다고 생각한다. 유감스럽게도 실험 증거는 반대 방향을 가리키고 있는 데도 말이다.

따라서 여러분이 구체적 단어를 사용할 수 없다면 최소한 추상적 어휘를 되도록 간결하게 쓰려는 노력을 해야 한다. 그렇게만 해도 문제가 없다. 독일의 철학자 아르투어 쇼펜하우어Arthur Schopenhauer는 단순함을 옹호했다. 그는 다음과 같은 유명한 말을 남겼다. "평범하지 않은 것을 말할 땐 평범한 말을 써야 한다."*

---

* 위대한 전쟁 지도자일 뿐 아니라 노벨 문학상을 수상한 영국의 총리 윈스턴 처칠(Winston Churchill) 역시 비슷한 말을 했다. 그는 "짧은 단어가 가장 좋고, 거기다 오래된 표현이면 더 좋다."라고 주장했다.

4. 통계보다는 서사를

　통계보다는 서사를 우선순위에 둠으로써 구체성의 원칙을 활용할 수 있다는 근거가 있다. 2007년 데보라 스몰Deborah Small, 조지 로웬스타인George Loewenstein, 폴 슬로빅Paul Slovic은 어떻게 하면 의사소통 기술이 기부를 장려하는 방향으로 조정될 수 있는지 조사했다. 특히 개인의 고통을 말하는 서사가 통계 용어로 비극을 설명하는 메시지보다 동기부여에 더 효과적인지 알아보았다.

　연구진은 121명에게 실험 참가비 5달러를 지불했다. 연구의 일환으로 참가자들은 아프리카의 식량 부족을 설명하는 자료를 읽었다.

　일부 집단은 "말라위에서는 식량 부족으로 3억 명 이상의 아이들이 고통받고 있습니다."와 같이 통계 용어로 희생자들을 묘사한 글을 읽었다. 다른 집단은 "여러분이 기부하는 모든 돈은 아프리카 말리에 사는 7사 소녀 로키아에게 갑니다. 로키아는 극심한 가난에 시달리고 있으며 아사 위기에 처해 있습니다."와 같은 문장처럼 개인에게 초점을 맞춘 이야기가 주어졌다.

　실험이 끝나고 참가자들은 자선단체인 세이브더칠드런Save the Children에 실험 참가비 중 일부를 기부할 수 있었다.

　개인의 서사가 적힌 자료를 읽은 사람은 평균 2.83달러를 기부했는데, 이는 통계자료를 읽은 사람들의 기부액 1.17달러보다 두 배 더 많았다. 연구진은 이 현상을 '인식 가능한 희생자 효과identifiable victim effect'라고 정의했다.

이 연구 결과는 베그의 연구와도 관련이 있다. 대개 통계는 사람들의 마음을 움직이지 못한다. 숫자에 감정을 이입하기 어렵기 때문이다. 3억 명의 사람을 상상하는 건 불가능하다. 하지만 로키아를 생각하면 머릿속에 곧장 이미지가 떠오른다. 우리는 희생자 한 명과 같이 인간이 상상할 수 있는 규모의 척도에 이입할 수 있으며, 그것이 더 많은 감정을 불러일으키고 더 큰 기부금이 모인다.

이는 소련의 독재자 이오시프 스탈린Iosif Stalin도 알고 있던 사실이다. 그는 자신의 잔인함을 드러내며 다음과 같이 말했다. "한 사람이 굶어 죽으면 그건 비극이다. 그런데 수백만 명이 죽는다면 그건 숫자일 뿐이다."*

따라서 가능한 한 통계 자료는 피하고 인간적인 차원에서 여러분의 이야기에 이입할 수 있게 해야 한다.

⋮ 5. 전문 내용을 점검하라 ⋮

이 모든 연구는 한 가지 의문을 제기하고 있다. 왜 더 많은 브랜드가 구체적 언어를 사용하지 않는 걸까?

---

* 흥미롭게도, 스탈린과는 대척점에 서 있는 듯 보이는 테레사 수녀(Mother Teresa)도 비슷한 이야기를 했다. "집단을 본다면 나는 절대 행동하지 않을 것입니다. 하지만 한 사람을 본다면 그렇게 할 것입니다."

어쩌면 마케터들이 자기 분야의 전문가이기 때문일 것이다. 그 분야가 자동차든 초콜릿이든 마케터와 광고 대행사는 업계의 세부 사항에 집중할 것이다. 바로 그게 문제다. 칩 히스Chip Heath와 댄 히스Dan Heath의 책 『스틱!』에 따르면,

전문가와 초보자의 차이는 추상적 사고 능력이다. 초보 배심원들은 변호사가 상대측을 공격하는 화려한 말솜씨, 사실에 근거해 상세하게 설명하는 모습, 법정에서 의례를 지키는 모습 등에 매료된다. 그러나 판사들은 과거 사건과 판례에서 얻은 추상적인 교훈을 현재 사건과 비교하여 검토한다.

따라서 전문 지식은 여러분이 추상적 개념으로 빠져들고 있음을 알아차리는 데 방해가 될 수도 있다는 것을 기억하자. 여러분에겐 이해하기 쉽고 상상하기 쉬워 보이는 것조차 해당 분야의 전문가가 아닌 고객에게는 그렇지 않을 수 있다.

마지막으로 추상적이 아닌 구체적 언어로 하는 의사소통의 부수적인 효과로는 개괄적인 내용에서 더 정확한 세부 내용으로 파고들게 만든다는 것이다. 이처럼 정확성을 추구하는 전략에도 나름의 이점이 있다. 이제 여기로 눈을 돌려보자.

6½장

왜 6½일까?

THE ILLUSION OF CHOICE

살짝 어색했던 미팅이 끝나고 잠깐 휴식이 필요해진 당신.

스스로에게 선물을 주기로 마음먹는다.

회사 근처 꼭 가보고 싶던 독립 서점이다.

서점 내부를 돌아다니며 진열된 책들의 제목들을 훑어본다.

『10½장의된 세계사The History of the World in 10½ Chapters』라는

제목이 눈에 확 들어온다.

호기심이 인 당신. 왜 10½이지?

10장도 아니고 11장도 아니고, 10½장이라….

• • •

6½라는 숫자가 여러분의 눈을 사로잡은 이유는 독특하기 때문
이다. 대체로 책은 어림수를 사용하므로 정밀한 숫자가 눈에 더 띄

게 된다. 이 주장에 대한 근거는 캘리포니아대학교의 심리학자 마이클 산토스Michael Santos가 제시하고 있다.

1994년 그는 초라한 옷차림의 연구자들이 거지인 척하는 연구를 진행했다. 그들은 행인들에게 일반적인 방식, 즉 25센트인 쿼터 혹은 더 모호하게 아무 동전이나 달라는 식으로 돈을 부탁하기도 했고, 17센트 혹은 35센트와 같은 참신한 액수를 요청하기도 했다. 산토스 교수에 따르면 사람들은 연구자들이 참신한 액수의 돈을 요구했을 때 돈을 줄 확률이 60% 더 높았다. 그는 정확한 요청이 사람들의 예상에 혼란을 일으켜 주목도를 높였다고 주장했다. 그리고 이러한 현상을 '관심 끌기 효과the pique effect'라고 불렀다.

정확성은 브랜딩에도 비슷한 효과를 가져다준다.

하인즈의 사례를 생각해 보자. 1896년 창립자 헨리 J. 하인즈 Henry J. Heinz는 자사 제품의 종류가 57개라는 문구를 포장지에 넣기로 했다. 당시 하인즈는 훨씬 더 많은 상품군을 보유하고 있었으나 그에게는 이 사실이 문제가 되지 않았다. 그가 중요하게 생각한 건 정밀함 그 자체였기 때문이다.

시간을 더 거슬러 올라가면 아이보리 비누Ivory soaps의 사례도 있다. 1895년부터 이 회사는 99.44% 순수한 재료로 제품을 만든다고 표기했다.

60가지의 콩 또는 100% 순수한 재료로 만든 비누처럼 두 회사의 문구가 평범했다면 과연 대중의 시선을 사로잡을 수 있었을까?

어림수보다는 구체적인 숫자로 ─────────

그런데 이처럼 정밀한 숫자들은 독특함 이상의 가치를 지니고 있다. 통계수치는 구체적일수록 신뢰할 수 있다고 판단된다.

이 주장의 근거는 럿거스대학교의 로버트 쉰들러Robert Schindler 교수와 워싱턴대학교의 리처드 옐치Richard Yalch 교수가 진행한 2006년 연구에서 찾을 수 있다. 두 심리학자는 199명의 실험 참가자에게 가상의 바디 스프레이 광고를 보여준 다음 광고문의 정확도와 신뢰도에 관해 물었다.

차이를 두기 위해 광고에서 데오도란트가 "타사 제품보다 50% 더 지속력이 높다."라고 할 때도 있었고, 연구진이 47% 혹은 53%와 같이 통계치를 더 엄밀한 숫자로 바꾸기도 했다.

이 미묘한 차이가 사람들이 지각하는 정확도와 신뢰도를 향상시켰다. 사람들은 엄밀한 숫자가 쓰인 광고문이 어림수가 쓰인 광고문보다 대략 10% 더 정확하다고 판단한 것이다. 신뢰도 평가 역시 엄밀한 숫자가 어림수보다 살짝 높았지만, 이 효과는 통계적으로 유효하지 않았다.

그렇다면 정확성의 힘은 무엇으로 설명할 수 있을까? 가장 그럴듯한 설명은 연관성이다. 시간이 지나면서 사람들은 자기 확신에 찬 이들이 정확한 세부 내용을 전달하는 반면 불확실한 이들은 모호한 추정치로 도피한다는 것을 알아챈다.

예를 들어 누군가 여러분에게 배우자의 나이를 묻는다고 상상해보자. 35살이나 46살처럼 어떤 경우에도 여러분은 정확한 대답을 할 수 있다. 그런데 질문자가 사촌의 나이를 묻는다면 어떨까? 아마도 애매한 대답을 내놓게 될 것이다. 30대 혹은 40대라고 말할 수도 있다.

이처럼 구체성과 정확성이 아주 밀접하게 연관되어 있으므로 사람들은 어떤 진술을 평가할 때 이를 신속한 경험법칙으로 사용한다. 쉰들러의 연구에서도 살펴봤듯이 실제로 둘의 연관성은 아주 강력해서 정밀함은 정확도와 관련이 없을 때조차 관련 지침으로 사용된다.

일례로 친구가 "30분 후에 올게."라고 말하는 대신 "27분 후에 올게." 라고 말할 때 그에 대한 인식이 어떨지 생각해보라. 1994년의 연구에서 산토스, 리브Leve, 프랫카니스Pratkanis는 거지가 쿼터를 요구할 때보다 17센트 혹은 37센트를 요구할 때 돈을 더 많이 얻을 수 있다는 사실을 발견했다. 세 사람은 이 현상을 예리한 숫자가 관심을 끄는 성질로 설명했지만, 최근 연구 결과들은 다른 설명을 제시한다. 37센트라는 액수를 들었을 때 이 정밀한 숫자는 아주 구체적인 필요성, 다시 말해 그 사람에게 필요한 돈이 집으로 가는 버스푯값에서 겨우 몇 센트 부족한 정도라는 사실을 암시할 수 있다. 반대로 모호한 금액의 돈을 요구하면 구체적인 필요성은 없고 요구하는 사람이 그냥 돈을 원할 뿐이라는 것을 암시할 수 있다.

구체성과 정확성은 아주 밀접하게 연관되어 있다. 그래서 사람들은 어떤 진술을 평가할 때 이를 신속한 경험법칙으로 사용한다.

정밀함의 가치를 살펴봤으니 이제 어떻게 이를 활용해 여러분의 광고를 개선할지 알아보자.

이러한 심리를 어떻게 활용할 수 있을까? —————

┆ 1. 정밀함의 힘을 활용하라 ┆

지금까지 살펴본 정밀함에 대한 연구 결과가 흥미로운 이유는 많은 브랜드의 행보와 반대되기 때문이다. 브랜드들은 편의를 위해 통계를 반올림하는 경향이 있다. 예를 들어 유명한 보험사가 '100만 명 이상의 고객'을 보유하고 있다고 주장할 수 있다. 또는 책 광고에서 여러분이 무엇을 살지 영향을 미치는 25가지 행동 편향을 다루고 있다고 주장할 수도 있다.

그런데 쉰들러의 연구에 따르면 위 두 사례는 모두 실수를 저지르고 있다. 보험사는 '115만 명 이상의 고객'이라고 이야기함으로써 정밀함을 포함해야 한다. 또는 저자가 16½가지의 행동 편향을 소개하는 후속작을 발표할 수도 있다.

다시 말하지만, 이 연구는 여러분에게 기회를 제공한다. 더 정밀한 방식으로 소통하여 신뢰도의 향상 효과를 활용하자.

⋮ 2. 정밀한 가격 책정을 통해 가치를 전달하라 ⋮

정밀한 숫자가 주는 이점은 신뢰도 이외의 영역으로 확장된다. 가격에 관해서도 정밀한 숫자가 브랜드 가치를 더 효과적으로 전달할 수 있다.

플로리다대학교의 두 심리학자 크리스 야니스체프스키Chris Ja-niszewski와 댄 우이Dan Uy는 2008년 학술지《심리과학Psychological Science》에 가격 책정에 관한 간단한 실험을 발표했다.

두 학자는 참가자들에게 치즈, 해변의 별장, 작은 조각상, 반려돌, 플라스마TV 등 일련의 상품의 호가를 말해주었다. 그 후 참가자들은 해당 품목들의 도매가를 추정해야 했다. 실험에서 차이를 두기 위해 몇몇 참가자들에겐 반올림한 호가가 주어졌으나 다른 참가자들은 정확한 가격을 알고 있었다.

일례로 참가자의 1/3은 치즈가 5달러라고 전달받았고 또 다른 1/3은 4.85달러로, 나머지 1/3은 5.15달러로 전달받았다. 실제 가격에 대한 추정치는 각각 3.75달러, 4.17달러, 4.41달러였다.

이 패턴은 테스트한 모든 품목에서 발생했다. 참가자들은 언제나 반올림한 가격이 정확한 가격보다 더 높다고 생각했다.

연구진은 구매자들이 가격이 높게 책정되었음을 알고 있다는 가설을 세웠다. 반올림한 가격과 정밀한 가격의 차이는 구매자들이 가격이 부풀려졌다고 생각하는 정도에서 발견된다. 반올림한 가격을 생각할 때, 다시 말해 손목시계가 10파운드라고 한다면 구매자들은 큰 폭으로, 예를 들면 10파운드에서 9파운드로 금액을 하향 조정하려는 경향을 보인다. 반대로 정확한 가격을 고려할 때는 숫자의 단위가 줄어들기 때문에 더 작은 폭으로 조정된다. 따라서 10.25파운드의 토스터가 있으면 사람들은 토스터의 가치를 10.15파운드 또는 10.05파운드로 지각하는 셈이다.

연구진은 플로리다의 앨라추아카운티에서 이루어진 2만 5,564건의 주택 거래를 분석하여 현실 세계에서도 연구 결과가 적용되는지 살펴봤다. 그들은 판매자가 80만 달러가 아닌 79만 9,499달러와 같이 정확한 호가를 설정했을 때 반올림한 가격을 채택한 사람보다 처음 부른 값에 더 가까운 가격으로 주택을 판매했다.

정밀도가 가격 인식에 미치는 영향은 많은 마케터에게 흥미를 불러일으킬 것이다. 가치 있는 브랜드로 보이고 싶지 않은 곳이 과연 있을까? 그러나 그것 말고도 심리학자들이 발견한 가격 책정 전략은 많다.

다음 장은 보너스 장으로 사람들에게 할인된 가격이 아닌 추가 혜택을 제공하는 효과에 대해 논의하려 한다.

보너스

기준값을 무시하는 사람들

비즈니스 섹션을 훑어보는 당신. 테이블에 놓인 지루한 주제의 책들 사이에서 노란색과 검은색이 섞여 있는 표지의 책이 눈에 띈다. 조금 흥미로워 보이는 광고 문구와 뒤쪽에는 긍정적인 평가가 몇 개 있다. 무엇보다도 앞표지의 메시지가 이 새로운 판형에는 보너스 장이 실려 있다고 적혀 있다. 4% 추가 무료 혜택이다. 거래가 마음에 든 당신은 구매를 위해 책을 계산대로 넘겨준다.

• • •

여러분의 주의를 끈 것은 보너스 콘텐츠다. 추가 무료 혜택을 포함하는 이 전략을 브랜드들이 사용할 때도 있지만 단순히 약간의 할인 혜택을 제공하는 전략보다는 덜 쓰인다.

브랜드들은 할인을 선호하는 행동에 숨겨진 함정을 놓치고 있는 것일까? 보너스 장에서 바로 이 점을 다루려 한다.

이 주제와 관련해 가장 권위 있는 연구로는 미네소타대학교의 악샤이 라오Akshay Rao 교수와 텍사스A&M대학교의 하이펑 첸Haipeng Chen 교수의 연구가 있다. 2012년 두 사람은 서로 다른 유형의 프로모션 활동이 지역 소매점의 핸드 로션 판매량에 미치는 영향을 조사했다. 첫 주에는 가게에서 핸드 로션을 정가에서 35% 할인된 가격으로 판매했고, 둘째 주에는 같은 품목을 같은 가격에 팔았으나 보너스 팩을 50% 할인된 값으로 제공한다고 설명했다. 메시징은 16주 동안 번갈아 가며 바뀌었다.

경제적으로 따지면 위 두 가지 제안은 비슷하다. 실제로는 가격 할인이 조금 더 나은 혜택이므로 이 제안이 더 인기가 많을 것으로 예상했다. 하지만 그런 일은 일어나지 않았다.

실제로 보너스 메시지를 내보냈을 때 27개의 핸드 로션이 팔렸지만 가격 할인 메시지를 내보냈을 때는 판매량이 15개로 떨어졌다. 이는 무려 81%의 차이다. 실험에서 관찰한 판매량이 적긴 했으나 변화량의 차이는 통계적으로 의미 있는 결과였다.

그런데 보너스 메시지가 더 효과적이었던 이유는 무엇일까? 연구진은 다음과 같이 설명한다.

소비자들이 경제적으로 동등한 혜택을 제공하는 가격 할인보다 보너스 팩을 선호하는 현상은 백분율과 관련된 기준값을 무시하는 경향에 구조적인 영향을 받는다.

다시 말해 구매자들은 35% 혹은 50%와 같이 강조된 백분율에 과도하게 집중하는 경향이 있으며, 이 백분율이 참조하는 기준값이라는 똑같이 중요한 문제에 관해선 잊어버린다는 의미다. 위 사례의 경우 35보다는 50이 더 큰 숫자이기 때문에 사람들은 보너스 팩이 더 나은 선택이라고 판단한 것이다.

이러한 심리를 어떻게 활용할 수 있을까? ───────

⋮ 1. 가격 할인보다 보너스를 강조하는 전략을 시험해보라 ⋮

일반적으로 브랜드들은 추가 혜택보다는 제품 할인을 제공하고, 그러한 방식으로 구매자들에게 영향력을 행사한다. 라오와 첸의 실험은 그들이 실수를 저지르고 있을지도 모른다고 말한다. 그들의 연구에 따르면 보너스 팩을 더 많이 제공하는 구성이 가장 효과적인 전략인 것으로 드러났다.

하지만 연구의 규모가 작았기 때문에 이 아이디어를 시험하기 위해 여러분만의 실험을 진행해보는 것이 좋겠다.

⋮ 2. 가격 책정 이외에도 기준값 무시 편향을 활용하라 ⋮

라오 교수는 기준값 무시 원칙이 서비스 분야로도 확대될 수 있다고 주장한다. 그 예로 유나이티드항공United Airlines이 있다. 이 항공사의 항공편으로는 샌프란시스코에서 시드니까지 15시간이 걸린다. 개선점을 강조하고 싶다면 유나이티드항공은 같은 말이라도 '비행시간이 20% 단축됐다'는 사실보다 '속도가 25% 빨라졌다'는 사실을 강조하는 편이 더 나을 것이다.

혹은 자동차 제조사가 연료 소비 33% 감소처럼 같은 표현이라도 에너지 소비의 감소를 강조하기보다는 갤런당 마일의 50% 증가처럼 에너지 효율이 개선되었음을 설명할 수 있다.

하지만 기저율 무시 편향에 대한 모든 논의는 지엽적인 이야기에 불과하다. 다시 본론으로 돌아가 극단 회피로 알려진 또 다른 가격 책정 전략에 대해 살펴보자.

7장

무난한 선택

THE ILLUSION OF CHOICE

서점에서 돌아온 후 오전에 처리해야 할 주요 업무인

상사 소피아의 프레젠테이션 자료 제작에 집중한다.

슬라이드에 쓸 이미지를 검색하던 중 당신은 국제 어린이 자선단체

배너 광고에 주의가 쏠린다. 그들은 전쟁 희생자들을 돕기 위해

기금을 모으고 있다. 당신은 기부하기로 마음먹는다.

광고 문구를 클릭하자 온라인 기부 페이지로 이동한다.

기본 설정은 매월 정기 후원으로 되어 있다.

27파운드, 18파운드, 8파운드 이렇게 세 가지 중 선택할 수 있다.

당신은 잠깐 망설이다 가운데 선택지를 고른다.

• • •

여러분은 위 결정에 크게 놀라지 않았을 것이다. 세 가지 가격 선택지가 주어질 때 사람들은 가운데에 있는 무난한 선택지를 고르는 경향이 있다는 것은 행동과학에서 널리 알려져 있다.* 불확실한 상황에서 가장 가격이 싼 제품은 품질이 떨어질 수도 있고, 자신이 인색하게 느껴지기도 하는 반면 가장 비싼 제품은 거품이 끼었을 가능성이 있으며 과시하는 것처럼 보일 수 있다고 여겨진다. 이 개념은 '극단 회피extremeness aversion'라고 알려져 있다.

극단 회피는 확실한 결과로 나타난다. 때문에 여러분의 회사 역시 이 편향과 관련된 실험을 진행해봐도 좋을 것이다. 노스웨스턴 대학교의 울프 뵈켄홀트Ulf Böckenholt 교수가 2015년 메타 분석을 실시한 결과 142개의 연구에서 극단 회피의 효과를 뒷받침하는 근거를 발견했다.

B2C뿐 아니라 B2B에서도 ──────────

학술 연구 대부분은 소비자들을 대상으로 이뤄진다. 하지만 이 편향은 전문가를 대상으로 할 때도 활용될 수 있다. 2018년 마케

---

* 나는 전작 『어떻게 팔지 답답할 때 읽는 마케팅 책』에서 간략하게 극단 회피를 다뤘다. 하지만 해당 책에서는 이 편향의 함축적 의미까지 다룰 기회가 없었다. 극단 회피는 실무적으로 유용한 함의를 담고 있으므로 이를 바로 잡고 싶었다.

팅 회사 더마케팅프랙티스The Marketing Practice와 함께 나는 기업의 의사 결정자 213명에게 행동 편향에 어떻게 영향을 받는지 알아보기 위한 설문을 시행했다.

우리가 살펴본 분야 중 하나가 극단 회피였다. 우리는 응답자들에게 다음과 같이 물었다.

당신의 회사가 청소 서비스 업체를 고용하려 한다고 상상해봅시다. 당신이 희망하는 업체의 방문 횟수에 따라 선택 가능한 다양한 옵션이 있습니다. 어떤 선택지를 고르시겠습니까?

응답자의 절반에게는 다음 세 가지 옵션을 보여주었다.

① 청소업체가 하루에 4시간 주 1회 방문한다.
→ 1년에 1,872파운드(+부가세)
② 청소업체가 하루에 4시간 주 3회 방문한다.
→ 1년에 5,616파운드(+부가세)
③ 청소업체가 하루에 4시간 주 5회 방문한다.
→ 1년에 9,360파운드(+부가세)

이 실험에서는 18%의 사람들이 '주 5회 방문' 옵션을 선택했다. 나머지 응답자 절반에게는 서로 다른 옵션이 조금씩 섞인 상태로 주어졌다.

① 청소업체가 하루에 4시간 주 3회 방문한다.
→ 1년에 5,616파운드(+부가세)
② 청소업체가 하루에 4시간 주 5회 방문한다.
→ 1년에 9,360파운드(+부가세)
③ 청소업체가 하루에 7시간 주 5회 방문해 하루 종일 있는다.
→ 1년에 16,384파운드(+부가세)

이 시나리오에서는 '주 5회 방문' 옵션을 선택한 사람들이 두 배 이상인 37%에 달했다. 제안의 본질적 속성이 변하지 않았음에도 상대적인 위치에 따라 제안의 매력이 달라진 것이다.

이제 여러분에게 이익이 될 수 있도록 극단 회피를 활용하는 몇 가지 방법에 대해 살펴보자.

이러한 심리를 어떻게 활용할 수 있을까? —————

⋮ 1. 슈퍼 프리미엄 옵션을 제시하라 ⋮

극단 회피를 적용하는 건 쉽다. 여러분의 브랜드에서 두 가지 옵션을 판매한다고 가정해보자. 하나는 기본 옵션이고 나머지는 수익률이 더 높은 프리미엄 옵션이다. 여러분은 슈퍼 프리미엄 옵션을 도입해 프리미엄 라인의 판매량을 촉진할 수 있다.

당신의 사업 규모에 맞게 조율할 수 있는 계좌 옵션

저희는 중소기업을 지원하는 데 최선을 다하고 있습니다. 따라서 현재 저희의 비즈니스 계좌 요금은 무료에서 출발합니다. 지금 귀사의 상황에 적합한 옵션을 선택한 후 사업 규모가 성장하면 언제든 업그레이드하세요.

무료	플러스	캐시백
월 **£0.00**	월 **£9.99** (+부가세)	월 **£49.99** (+부가세)
• 팀 카드당 월 5파운드(+부가세) • 이체 수수료 20페니 • 정기 요금 • 팀 구성원과 회계사에게 계좌 조회 권한 부여 • 회계 소프트웨어 통합: 퀵북 QuickBooks, 제로Xero, 세이지Sage 외 • 경비, 임금, 청구서 등 특정 비용 용도의 하위 계정 제공 • 최대 5개 사업용 계좌 개설 가능 • 회원 특전	• 전화 지원 • 앱 내 우선 지원 • 24시간 법률 상담 서비스 • 무료 팀 카드 1개 포함 • 월 20건까지 이체 수수료 무료 • 정기 요금 • 팀 구성원과 회계사에게 계좌 조회 권한 부여 • 회계 소프트웨어 통합: 퀵북 QuickBooks, 제로Xero, 세이지Sage 외 • 경비, 임금, 청구서 등 특정 비용 용도의 하위 계정 제공 • 최대 5개 사업용 계좌 개설 가능	• 타이드 카드에 0.5% 캐시백* • 전담으로 계좌 관리 • 전화 지원 • 앱 내 우선 지원 • 24시간 법률 상담 서비스 • 무료 팀 카드 3개 포함 • 월 150건까지 이체 수수료 무료 • 정기 요금 • 팀 구성원과 회계사에게 계좌 조회 권한 부여 • 회계 소프트웨어 통합: 퀵북 QuickBooks, 제로Xero, 세이지Sage 외 • 경비, 임금, 청구서 등 특정 비용 용도의 하위 계정 제공 • 최대 5개 사업용 계좌 개설 가능 • 캐시백 회원 특전
계좌 개설하기	계좌 개설하기	자세히 알아보기 *약관 적용

극단 회피 편향을 사업용 계좌에 적용한 타이드

이렇게 한다면 아무 문제 없다. 캐시백 업체 타이드Tide의 웹사이트에서 가져온 안내 이미지를 살펴보자. 타이드 프리미엄 캐시백 패키지는 직접적인 판매량 이상의 가치가 있을 것이다. 이 옵션이 사람들을 무료에서 플러스 계좌로 업그레이드하도록 부추기기 때문이다.

2. 실용적인 제품 혹은 타깃 고객의 연령대가 높다면 반드시 극단 회피 편향을 활용하라

뵈켄홀트의 메타 분석은 극단 회피가 광범위하게 적용 가능한 연구 결과지만 영향력의 정도에는 상당한 차이가 있음을 발견했다.

한 가지 핵심 변수는 바로 제품의 유형이다. 뵈켄홀트는 자신의 연구에서 전자레인지나 세제와 같은 실용적인 제품과 초콜릿이나 디자이너 손목시계와 같은 사치품에서 극단 회피 효과의 차이를 명시했다. 사람들은 쾌락을 추구하는 것이 더 중요한 사치품 구매보다는 고통 회피가 핵심 동력인 실용품 구매에서 중간 옵션을 선택할 확률이 훨씬 높았다.

두 번째 관련 요인으로는 나이가 들수록 극단 회피 성향이 강해진다는 사실이다. 2015년에 진행된 미출간된 연구에서 UCLA 앤더슨스쿨의 에이미 드롤렛Aimee Drolet 교수와 시카고대학교의 리드 헤이스티Reid Hastie 교수는 성인 282명에게 연달아 선택하도록 요청했다.* 연구진은 참가자들에게 야구 경기 티켓에서 아이스크림과 쌍안경까지 다양한 범주에 속하는 선택지들을 제시했다. 심리학자들은 나이가 많은 성인일수록 중간 옵션을 선택할 확률이 높다는 사실을 발견했는데, 실험이 진행되는 동안 중장년층이 중간 옵션을 선택한 확률은 61%였던 반면 젊은층은 41%에 그쳤다.

따라서 여러분이 실용적인 제품을 맡고 있거나 타깃 고객의 연령대가 높다면 극단 회피는 여러분의 무기 중 일부가 되어야 한다.

⋮ 3. 제품을 보여주는 순서를 고려하라 ⋮

극단 회피는 브랜드에 따라 적당히 합리적인 수준에서 적용된다. 하지만 브랜드가 이를 적용하는 방식은 더 나아질 수 있다. 이를테면 극단 회피의 영향력을 최대치로 끌어내기 위해 '순서 효과order effect'라는 편향을 결합할 수 있다.

> 극단 회피의 영향력을 최대치로 끌어내기 위해 '순서 효과order effect'라는 편향을 결합할 수 있다.

---

* 미출간된 이 연구는 스탠퍼드대학교의 이타마르 시몬슨(Itamar Simonson)과 동료 교수들이 쓴 2017년 논문 6페이지에서 찾을 수 있다. https://tinyurl.com/h279yyxz.

이 개념을 가장 잘 설명하는 방법은 실험을 살펴보는 것이다. 2012년 콜로라도대학교의 도널드 릭턴스타인Donald Lichtenstein 교수 팀은 미국의 한 바에서 8주에 걸친 실험을 진행했다.

바에 도착한 손님들에게 13개의 병맥주가 적힌 메뉴판이 주어졌다. 어떤 날에는 직원이 맨 위에 4달러 맥주를 시작으로 내려갈수록 점점 비싼 가격의 맥주가 적힌 메뉴판을 건네주었다. 다른 날에는 같은 맥주의 가격을 내림차순으로 정렬했다.

심리학자들은 메뉴판에 가장 싼 가격의 맥주가 맨 위에 있을 때 평균 지불 금액이 5.78달러라는 것을 발견했다. 하지만 메뉴판의 순서가 반대로 되어 있을 때는 평균 지불 금액이 24센트에서 6.02달러까지 올라갔다. 4% 증가라는 통계적으로 유의미한 수준을 보인 것이다.

이유가 뭘까? 심리학자들은 사람들이 메뉴를 위에서 아래로 읽는 경향이 있으므로 처음 본 가격이 지불해야 하는 합리적인 가격을 결정하는 데 커다란 영향을 미친다고 생각했다. 비싼 맥주를 처음 보면 나중에 보게 되는 중간 가격의 맥주가 적당하다고 느껴진다. 하지만 싼 맥주를 먼저 보면 중간 가격의 맥주가 사치품으로 재구성되는 것이다.

연구진은 결과의 타당성을 시험하고자 다른 범주에서 연구를 이어 나갔다. 일례로 그들은 219명의 참가자에게 구매할 수 있는 펜이 적힌 목록을 제공했다. 펜의 가격은 15센트에서 90센트 사이로 책정되었다. 가격이 내림차순으로 제시되었을 때 평균 구매 가격은 63센트였던 반면 오름차순이었을 때는 53센트였다. 이는 19%가 높은 수치다.

다시 강조하지만, 이 결과들은 실무적인 함의를 지닌다. 타이드에서 제시한 세 가지 상품 사례로 돌아가 보자. 순서 효과에 따라 순서를 뒤집어서 제시하는 방법이 이상적일 것이다. 사람들은 왼쪽에서 오른쪽으로 읽기 때문에 타이드는 가장 비싼 상품을 맨 왼쪽에 배치하는 게 좋다.*

⋮ 4. 극단 회피 편향을 비튼 미끼 효과를 고려하라 ⋮

극단 회피가 가격 상대적 격차를 활용하는 유일한 방법은 아니다. 대안 전략으로 '미끼 효과decoy effect**'가 있다.

이 편향을 다룬 첫 연구는 1982년 듀크대학교의 심리학자인 조엘 후버Joel Huber, 존 페인John Payne, 크리스토퍼 푸토Christopher Puto

---

* 순서의 중요성을 보여주는 실험은 이뿐만이 아니다. 시카고대학교의 리드 헤이스티 교수는 모든 조건이 동일하다면 사람들은 목록에서 제일 처음 본 품목을 선호하는 경향이 있음을 보여주었다. 2009년 그는 214명의 실험 참가자에게 2~5종류의 와인 시음을 요청했다. 사람들에게는 다른 종류의 와인을 맛보게 될 것이라고 이야기했지만 모든 샘플은 동일했다. 시음이 끝나고 각 참가자는 가장 마음에 드는 와인이 무엇인지에 관한 질문을 받았다. 가장 처음에 마신 와인이 항상 선호하는 선택지였다. 이것이 사람들이 구매하길 원하는 품목을 제일 처음 볼 수 있도록 해야 하는 이유다.
** 미끼 효과는 비대칭적 우세 효과(asymmetric dominance)로도 알려져 있다.

가 진행했다. 후버와 동료 학자들은 실험 참가자 153명에게 여러 개
의 맥주 중 하나를 선택해달라고 요청했다.

일부 참가자들에겐 두 개의 맥주 옵션을 보여주었다.

A 맥주, 가격은 1.80달러, 품질 평가에서 100점 만점에 50점

B 맥주, 가격은 2.60달러, 100점 만점에 70점

이 시나리오에서는 두 가지 옵션 중 명백히 더 나은 선택이 있는
건 아니다. A 맥주가 더 저렴하긴 하지만 B 맥주의 품질이 더 좋다.
객관적으로 우월한 선택지가 없는 셈이다. 따라서 선택의 결과가 거
의 비슷했다. 43%의 참가자가 A 맥주를, 57%가 B 맥주를 골랐다.

두 번째 참가자 집단에게는 세 개의 맥주 옵션을 보여주었다.

A 맥주, 가격은 1.80달러, 품질 평가에서 100 만점에 50점

B 맥주, 가격은 2.60달러, 100점 만점에 70점

C 맥주, 가격은 1.80달러, 100점 만점에 40점

이 시나리오에서는 C 맥주가 미끼다. C 맥주는 A 맥주와 비슷하
지만 확실히 덜 매력적이다. 가격이 같아도 품질이 더 안 좋기 때문
이다. 심리학자들의 말을 빌리자면 A 맥주가 C 맥주보다 '우세하다'.

이 시나리오에서는 참가자의 63%가 A 맥주를 선택했다. 47%나

증가한 수치다. 다른 곳에서도 살펴봤듯이 사람들은 대부분 복잡하지만 정확한 결정보다는 차선책이더라도 신속하고 단순한 결정을 선호한다. 비교하기가 상대적으로 어려운 B 맥주를 제외하고 A와 C를 비교하는 단순함에 참가자들의 관심이 쏠리는 것이다.

미끼 효과는 쉽게 적용할 수 있다. 타이드의 사례를 다시 생각해보자. 49.99파운드 옵션으로 사람들을 유도하는 한 가지 방법은 같은 가격이지만 혜택이 현저히 적은 옵션을 포함시키는 것이다.

대형 브랜드만이 이 전략을 적용할 수 있는 건 아니다. 로리 서덜랜드에 따르면 부동산 중개인들은

> 이 효과를 활용해 당신에게 미끼 매물을 보여주고 자신이 진짜로 팔고 싶은 매물 중 하나가 더 수월히 선택될 수 있도록 만든다. 일반적으로 중개인들은 완전히 부적절한 매물과 비교 가능한 매물 두 개를 보여주는데, 둘 중 하나는 다른 집보다 확실히 더 가격이 높다. 가격이 높은 집이 중개인들이 당신에게 팔고 싶은 물건이며, 나머지 하나를 보여주는 목적은 마지막에 보여주는 집을 돋보이게 하기 위해서다.

극단 회피와 마찬가지로 미끼 효과의 영향력에 미치는 변수 역시 다양하다. 미끼 효과의 정도에 영향을 미치는 요인 중 하나는 타깃 고객의 나이다. 토론토대학교의 김성한Sunghan Kim과 린 해셔Lynn Hasher는 2005년에 17~27세 사이의 학생 689명과 60~79세 사이의

노인 384명을 대상으로 연구를 진행했다. 연구진은 미끼 효과가 젊은층에게 가장 큰 효과를 발휘한다는 사실을 발견했다. 그들의 주장에 따르면 나이가 많을수록 경험의 범주도 같이 커지기 때문에 편향의 영향력이 감소한다.

미끼 효과와 극단 회피는 널리 알려진 심리 편향이다. 하지만 모든 가격 정책 연구를 대표하는 건 아니다. 여러분은 '분모 무시 denominator neglect' 오류를 들어본 적 있는지? 들어보지 못했다면 다음 장에 흥미를 느끼게 될 것이다.

8장

분모는 무시한다

오늘은 조금 힘에 부치는 기분이라 탕비실로 가

진한 커피 한 잔을 마시기로 한다. 그때 사내 자선행사에 쓰일

복권을 팔고 있는 동료 애나와 마주친다.

당신이 속한 팀에만 해당하는 복권과 회사 전체가 참여하는 복권,

이렇게 두 가지 선택지가 있다. 상품은 하루 휴가로 동일하며

복권 가격도 같다. 팀을 위한 복권은 10명 단위로 1개의 상품이

주어지지만 회사 전체를 위한 복권은 100명 단위로 9개가 지급된다.

두 가지 복권 모두 살까 고민하는 당신.

하지만 한 번에 5파운드라 가격도 비싼데, 월급날도 한참 멀었다.

하나만 고르는 게 최선이다. 그런데 어떤 것을 골라야 할까?

몇 초간 고민하다 회사 전체를 위한 복권을 선택한다.

당첨 기회가 9번 있는 데다 그게 당신이 될 수도 있기 때문이다.

꼬깃꼬깃한 5파운드 지폐를 건넨 후 공짜로 얻은 휴가로

무엇을 할지 상상하며 자리로 돌아간다.

• • •

여러분은 올바른 선택을 내린 것일까? 확률은 그렇지 않다는 냉정한 평가를 내릴 것이다. 각기 다른 두 가지 복권의 기본 확률을 살펴보자. 팀을 위한 복권에 당첨될 확률은 10%인 반면 회사 전체를 위한 복권의 당첨 확률은 9%이다.

여러분만 실수를 저지르는 건 아니다. 대니얼 카너먼은 저서 『생각에 관한 생각Thinking, Fast and Slow』에서 처음으로 이를 '분모 무시donominator neglect' 현상이라 불렀다. 분모 무시 현상은 10%나 9%의 당첨률과 같이 숫자가 나타내는 값이 아니라 당첨자 1명 또는 9명과 같은 상단에 있는 숫자에만 집중하는 경향을 일컫는다. 이후 분모 무시 현상에 관한 수많은 연구가 있었다. 심리학자 데이비드 보데인David Bourdin은 이렇게 요약한다.

사람들은 성공 확률이 큰 쪽보다 성공의 절대 빈도가 큰 선택을 하는 것으로 보인다.

위 문장이 약간 모호하게 들린다면 한 연구를 같이 살펴보며 명확하게 이해해보자.

> 우리는 숫자가 나타내는 값이 아닌 상단에 있는 숫자에 집중하는 경향이 있다.

1994년 매사추세츠대학교의 베로니카 데네스-라지Veronika Denes-Raj와 시모어 엡스타인Seymour Epstein 교수는 참가자들에게 빨간색과 하얀색 젤리가 각기 다른 비율로 섞여 담긴 그릇을 두 개 보여주었다. 그런 다음 연구진은 참가자들에게 어떤 그릇에서 젤리를 뽑고 싶은지 선택해달라고 요청했다. 만약 빨간 젤리를 뽑으면 참가자들은 1달러를 얻게 될 것이었다.

크기가 작은 첫 번째 그릇에는 딱 10개의 젤리가 담겨 있었고 그중 1개가 빨간 젤리였다. 크기가 큰 두 번째 그릇에는 100개의 젤리가 담겨 있었고 그중 8개가 빨간 젤리였다. 확률로 보자면 첫 번째 그릇이 뽑는 사람들에게 높은 성공 확률을 보장해주었다. 하지만 참가자의 절반 가까이가 최적이 아닌 선택지를 골랐다.

연구진은 같은 실험을 7번이나 반복했다. 할 때마다 젤리 100개가 담긴 그릇의 혼합 비율을 달리했다. 중요한 빨간 젤리의 개수는 5~9개 사이였고 작은 그릇의 비율은 그대로 유지했다. 다시 말해 큰 그릇의 성공 확률이 항상 더 나빴다는 뜻이었다.

연구 전반에 걸쳐 82%의 참가자들이 적어도 한 번은 큰 그릇에서 젤리를 골랐다. 그들은 성공 확률이 높은 그릇보다 빨간 젤리의 개수가 절대적으로 많은 그릇을 선택했다. 연구진에 따르면,

실험 참가자들은 확률상 불리하다는 사실을 알면서도 빨간색 젤리의 개수가 더 많은 경우가 확률이 더 높을 것 같은 느낌이 들었다고 이야기했다.

연구진은 참가자들이 전체 젤리 개수, 분모처럼 사건이 발생할 횟수보다 빨간 젤리의 개수, 즉 분자에 일관되게 집중했다는 것을 발견했다.

여러분은 분모 무시 현상을 여러분에게 유리하게 작용하도록 만들 수 있다. 그 방법을 살펴보자.

이러한 심리를 어떻게 활용할 수 있을까? ─────

⋮ 1. 100의 법칙을 프로모션에 활용하라 ⋮

젤리 실험이 여러분의 절박한 도전 과제와 한참 떨어진 이야기처럼 느껴질 수 있겠으나, 상업적으로 응용할 여지는 얼마든지 있다. 예를 들면 할인율을 전달할 때 실험 결과를 활용할 수 있다. 이는

멕시코의 EGADE비즈니스스쿨의 에바 곤살레스Eva González 교수
가 진행한 실험에서도 잘 나타난다.

2016년 그녀는 75명의 참가자를 모집해 풍선 한 꾸러미를 적당
한 가격인 48페소에 판매하는 조건을 제시했다. 일부 참가자들은
풍선이 12페소 할인가라는 문구를 보았고, 다른 참가자들은 25%
할인가라는 문구를 봤다.

독자들 중 매의 눈을 가진 수학자는 두 집단 모두 같은 할인을
받았음을 알아차릴 것이다. 하지만 참가자들은 다르게 평가했다.
퍼센트로 할인율을 본 사람들이 가격 조건을 더 좋게 판단했다. 그
들은 고객 지각 가치에 3.73점을 준 반면 할인 가격의 절대적 액수
를 본 사람들은 8% 더 낮은 3.46으로 평가했다.

하지만 이건 실험 전반부에 불과했다. 이후 곤살레스는 각 참가
자 집단에 보통 480페소에 판매되는 재킷을 보여주었다. 한 집단은
120페소 할인가라는 문구를, 다른 집단에는 25% 할인가라는 문
구를 보여주었다. 마찬가지로 할인 폭은 같았다.

이번에는 할인 가격의 절대적 액수를 본 사람들이 가격 조건을
가장 좋게 평가했다. 퍼센트로 할인율을 본 사람들은 3.7점을 준
반면, 해당 집단의 사람들은 거래 조건에 4.16점을 주었다. 이는 평
점에서 12% 차이를 보인 것으로 통계적으로도 유의미하다.

곤살레스의 연구에 따르면 사람들은 실제 숫자가 나타내는 값
이 아니라 겉으로 드러난 값을 훨씬 더 중요하게 생각했다. 따라서

25% 할인이 12페소 할인보다 더 할인 폭이 크다고 생각하기 쉬운데, 25가 12보다 큰 숫자이기 때문이다. 젤리 실험과 마찬가지로 소비자들은 분모를 무시하는 경향을 보인다.

이는 와튼스쿨의 조나 버거Jonah Berger 교수가 '100의 법칙Rule of 100'이라 부른 개념으로 이어진다. 그의 말을 빌리자면,

100의 법칙은 할인율이 100% 이하일 때 절대적인 할인 액수보다 백분율이 더 크게 보인다고 말한다. 하지만 100을 넘어가면 상황은 반대가 된다. 100 이상에서는 절대적인 할인금액이 백분율보다 더 크게 보인다.

여러분의 브랜드가 100파운드 이하로 가격이 책정되었다면 할인액을 제시할 때 백분율을 활용하고 가격이 100파운드를 넘어가면 할인액을 절대적인 액수로 나타내는 것이 좋다.

⋮ 2. 여러 가지 중첩 할인 혜택을 고려하라 ⋮

100의 법칙이 분모 무시 현상을 활용하는 유일한 방법은 아니다. 다른 접근 방식은 중첩 할인으로 알려진 전략으로 할인 혜택을 쪼개는 것이다.

실험부터 살펴보자. 이번 실험은 미네소타대학교의 악샤이 라오

Akshay Rao와 텍사스A&M대학교의 하이펑 첸 교수가 진행했다.

2007년 연구진은 한 상점을 설득해 도마를 팔 때 일련의 할인 혜택을 제공하도록 했다. 상점은 바로 40% 할인을 제공하기도 했고 가격 할인을 두 부분으로 나눠서 제시하기도 했다. 20% 할인으로 설명한 다음 25% 할인이 추가되었다.

두 개의 할인 혜택은 숫자상으로 동일하다.* 따라서 사람들이 '무미건조하고 딱딱한 계산기desiccated calculating machines**'처럼 행동한다면 거래 조건은 똑같이 매력적이어야 하며, 판매량은 어느 조건에서든 거의 동일해야 한다. 하지만 그런 일은 일어나지 않았다. 한 달간 조사한 결과 중첩 할인으로 제시된 거래의 판매량이 훨씬 더 높았다.

수학적으로 최선의 결과를 가져오는 행동에서 벗어나는 이유는 분모 무시 원리로 설명될 수 있다. 다시 말하지만 사람들은 숫자가 나타내는 가치를 고려하기보다 겉으로 보이는 값으로 숫자를 해석한다. 20%와 25%를 더하면 45%이므로 40% 할인보다 중첩 할인을 선호하는 것이다. 빠른 의사결정을 서두르는 바람에 사람들은 두 번째 할인이 더 적은 기준값에서 계산되므로 가치가 떨어진다

---

* 수학적인 머리가 뛰어난 사람이 아니기 때문에 처음 봤을 땐 이 차이를 믿기 어렵다고 생각했다. 나는 몇 번 더 확인해야 했다. 여러분도 나처럼 직접 계산기를 들고 확인해봐도 좋다.
** 이는 영국 노동당 출신의 보건부 장관 나이 베번(Nye Bevan)이 당 지도자인 휴 가이트스켈(Hugh Gaitskell)을 묘사하기 위해 만든 문구로 추정된다.

는 사실을 잊어버린다.

이 실험의 함의는 간단하다. 할인율을 한 번에 적용하지 말고 2단계 접근 방식이 효과적인지 검토해보라.

: 3. 중첩 할인을 오름차순으로 제시하라 :

중첩 할인 전략을 활용하려 한다면 상하이재경대학교의 한 공 Han Gong이 발견한 미묘한 맥락 차이를 기억할 필요가 있다. 2019년 공은 참가자들에게 100달러짜리 스웨터 광고 두 편 중 하나를 보여주었다. 두 광고 모두 중첩 할인 혜택을 사용했는데, 적용된 할인율의 순서가 달랐다.

첫 번째 광고에서 스웨터는 10% 할인되었고 그 금액에서 추가로 40% 할인되었다. 두 번째 광고에서는 할인율이 반대로 제시되었다. 할인 전 가격에서 40% 할인된 다음에 추가로 10% 할인이 이뤄졌다.

공은 할인율이 내림차순으로 제시될 때보다 오름차순으로 제시될 때(예: 10% 할인에 이어 추가로 40% 할인) 구매 의향이 15% 더 높았다는 사실을 발견했다. 그의 말에 따르면,

… 우리는 소비자들이 첫 번째 할인을 참고 기준으로 설정한 다음 추가 할인을 비교한다고 말할 수 있다.

다시 말해 첫 번째 숫자가 할인의 합리성을 나타내는 기준인 것이다. 큰 할인 폭으로 시작하면 다음에 오는 작은 할인 폭이 인색하게 느껴진다. 하지만 뒤집어서 작은 할인 폭으로 시작하면 다음에 오는 큰 할인 폭이 관대하게 보인다.

⋮ 4. 판매가와 비교해 할인가를 재구성하라 ⋮

전략적으로 적용할 수 있는 한 가지 방법을 더 살펴보자. 2018년 사우스캐롤라이나대학교의 아비지트 구하Abhijit Guha 교수는 스웨덴에 있는 4개의 식료품점에서 샴푸나 휴지, 커피 등 다양한 생활용품을 사용해 연구를 진행했다.

구하 교수는 각기 다른 판매 메시지를 시험했다. 판매 표시판에 할인 전 가격과 할인 가격을 매번 제시했다. 그런데 그중 표지판 절반은 '현재 31% 더 낮은 가격'처럼 가격 인하를, 나머지는 '원래 44% 더 비싼 가격'처럼 할인 전 가격을 강조했다.

그는 4개의 품목 모두 판매 표시판에 현재 더 낮은 가격보다 원래 더 비싼 가격이라고 적혀 있을 때 판매량이 두 배 더 높았다는 사실을 발견했다.

이제 이 전략을 여러분의 다음 마케팅 활동에 시험해보자. 어차피 추가 비용은 들지 않는 데다 두 가지 방법 중 하나로 할인가를 제시해야 하니, 구하의 아이디어를 시험해보고 여러분의 브랜드에도 강력한 힘을 발휘할 수 있는지 확인해보는 게 어떨까.

우회적으로 아이디어 적용하기 ────────

지금까지 우리가 논의한 연구들은 모두 분모 무시 원칙을 상당히 직접적으로 적용한다. 이 연구들은 다양한 상황에서 사람들이 숫자가 나타내는 값보다 숫자 자체에 반응함을 보여준다.

하지만 확장해서 생각하면 핵심은 다음과 같다. 지금까지의 연구들은 사람들이 실제 할인 폭보다 느껴지는 할인 폭에 반응한다는 사실을 반복해서 나타낸다. 이 원칙은 훨씬 광범위하게 적용될 수 있을 것이다.

⋮ 5. 가격을 제시할 때 글씨 크기를 조정하라: 크기 표상 일치성 ⋮

2005년 클라크대학교의 키스 콜터Keith Coulter와 코네티컷대학교의 로빈 콜터Robin Coulter 교수는 자신들이 명명한 개념인 '크기 표상 일치성magnitude representation congruency'을 실험했다. 이 개념은 더 큰 글씨로 쓰인 가격이 더 작은 글씨보다 비싸게 느껴진다고 말한다. 사람들이 글씨 크기와 실제 가격을 동일시한다는 뜻이다.

연구진은 가설을 검증하기 위해 65명의 실험 참가자를 모집해 여러 편의 광고가 게재된 소책자를 주었다. 책자에 실린 상품 중 하나가 할인된 롤러스케이트였다. 통제집단에서는 할인가가 정가보다 더 큰 글씨로 쓰여 있었다.

정가: 239.99달러　　**할인가: 199.99달러**

실험 집단에서는 정가가 더 큰 글씨로 쓰였다.

정가: 239.99달러　　할인가: 199.99달러

참가자들은 할인가가 정가보다 크게 표시됐을 때 구매 가능성을 7점 척도에서 3.63점으로 평가했다. 그런데 정가가 더 큰 글씨로 쓰였을 때의 구매 가능성은 4.54점으로 25%나 증가했다.

이 실험은 지각된 가치를 증대하기 위해서는 정가의 글씨 크기가 할인 가격보다 커져야 함을 암시한다.

두 사람의 연구는 흥미롭지만, 표본 크기에 유념해야 한다. 65명밖에 되지 않기 때문이다. 따라서 이 실험 결과를 적용하기 전에 여러분만의 실험을 통해 여러분의 브랜드에도 적합한지 확인해보는 것이 좋겠다. 지금 자리에서 당장 시험해보기 전에 다음 장을 읽는 건 어떨까. 바로 다음에 펼쳐질 9장에는 테스트 진행과 관련된 몇 가지 조언을 담고 있다.

9장

실험의 필요성

사무실 문 쪽으로 덜커덕거리는 소리가 난다.

살펴보니 도어매트 위에 편지와 전단지가 몇 개 놓여 있다.

흰색과 갈색 봉투 사이로 빨간색의 뭔가가 눈에 띈다.

가까이 들여다보는 당신.

자선단체 크리스천에이드Christian Aid에서

보낸 기부 봉투로, 일주일 뒤 직접 수거해간다.

당신은 주머니에 손을 넣어 구겨진 5파운드 지폐를 봉투에 넣는다.

• • •

여러분이 기부한 이유는 무엇일까? 카피, 다시 말해 그들이 사용한 이미지 혹은 말로 표현하기 어려운 무언가의 영향 때문이었을까? 우리에게 힌트가 되어줄 수도 있는 한 실험을 살펴보자.

심리 편향	메시지
통제	단순한 기부 요청
노력의 환상	"지역 자원봉사자가 직접 배달하고 수거합니다." 문구가 찍힌 도장
희소성	"기부금은 이번 주에만 모금합니다!" 배너
인지적 편안함	"기부금 봉투. 당신에게 호소합니다." 배너
행동 유도 단서	전단지가 아닌 봉투라는 단서를 주는 세로 방향의 봉투
현저성 효과	세제 혜택 강조 "기부금을 늘려보세요. 25%까지 환급됩니다."
높은 비용 신호	두꺼운 제지를 사용해 봉투의 인식 가치 증대

매년 5월, 크리스천에이드의 봉사자들은 직접 700만 개의 봉투를 영국의 각 가정에 배달한 후 기부금과 함께 봉투를 수거한다.

2018년 그들은 기부금을 늘리기 위해 행동과학을 메시징에 적용하기로 했다. 크리스천 에이드는 오길비컨설팅과 함께 700만 개의 봉투를 통해 7개의 메시지를 테스트했다. 메시지는 위의 표에서 확인할 수 있다.

위 메시지를 읽고 거둔 총 기부액 측면에서 가장 효과가 미비했다고 생각하는 것 두 개를 선택해보자.

선택을 했는가? 이제 옆 페이지에서 결과를 확인해보자.

여러분의 선택과 비교해 어떤가? 결과를 제대로 예측했다면 여러분은 이 장을 읽을 필요가 없을지도 모른다. 하지만 그렇지 않은 나머지 사람들은 위 결과를 꼼꼼하게 살펴봐야 한다.*

심리 편향	메시지	평균 기부금
통제	단순한 기부 요청	0.34파운드
노력의 환상	"지역 자원봉사자가 직접 배달하고 수거" 문구가 찍힌 도장	0.39파운드
희소성	"기부금은 이번 주에만 모금합니다!" 배너	0.28파운드
인지적 편안함	"기부금 봉투. 당신에게 호소합니다." 배너	0.38파운드
행동 유도 단서	전단지가 아닌 봉투라는 단서를 주는 세로 방향의 봉투	0.40파운드
현저성 효과	세제 혜택 강조 "기부금을 늘려보세요. 25%까지 환급 됩니다."	0.18파운드
높은 비용 신호	두꺼운 제지를 사용해 봉투의 인식 가치 증대	0.39파운드

현저성 효과와 희소성이라는 편향을 유도하려고 고안된 두 전략은 최악의 역효과를 냈고, 실제로 통제 전략보다 기부금이 더 적게 모였다.** 오길비 팀은 희소성 메시지에서 보여준 시간의 촉박함이 "사람들에게 기부하지 않을 명분을 제공했다."라는 가설을 세웠다. 또한 세금 환급 혜택이 '기부 행위를 너무 거래처럼 만들었(기부의 '따뜻한 빛'을 밀어냄)'기 때문에 기부액이 감소한 것인지 궁금해했다. 모두 그럴듯한 설명이지만, 결과를 알고 있기 때문에 쉽게 도출할 수 있는 결론이며 그전에는 증명하기 어렵다.

* 아니, 사실은 읽어야 한다!
** 오길비컨설팅은 자신들의 최근 연구 결과를 요약한 연례 보고서를 작성한다. 보고서에는 기획사의 성공과 실패 사례를 모두 담고 있는데, 바로 이 점이 감탄을 자아낸다.

사람들에게 위 메시지들을 보여줬을 때 최악의 효과를 낸 메시지를 고른 이는 거의 없었다. 여기서 잠시 생각해봐야 한다. 우리가 개입의 효과를 확실하게 예측하고자 한다면 어느 정도 주의 깊게 과정을 지켜봐야 한다. 다시 말해 실험이 필요하다. 이 말은 지식이 불충분하다는 뜻이 아닌 사람들의 복합성과 행동의 맥락 의존성을 인식해야 한다는 뜻으로 봐야 한다.

> 우리가 개입의 효과를 확실하게 예측하고자 한다면 어느 정도 주의 깊게 과정을 지켜봐야 한다.

실험이 어떻게 여러분에게 도움을 줄 수 있는지 살펴보자.

이러한 심리를 어떻게 활용할 수 있을까? ————

⋮ 1. 데이터에 의구심을 가져라 ⋮

일단 실험을 하기로 결정했다면 다음 질문은 어떻게 실험을 설계할 것인지가 된다. 주요 원칙은 다른 사람의 주장을 전적으로 신뢰하지 않는 것이다. 행동과학의 일반적인 주제 중 하나가 바로 사람들이 말하는 동기와 실제로 그들을 움직이게 하는 동기가 완전히 다르다는 것이다.

그 이유는 사람들이 질문에 거짓말을 할 때가 있기 때문이다. 더 심각한 문제는 많은 이들이 자신을 움직이게 하는 진정한 동기를 모른다는 데 있다. 버지니아대학교의 티머시 윌슨Timothy Wilson 교수에 따르면, 사람들은 "스스로가 낯설고 생소하다."

이는 실없는 주장이 아니다. 사람들이 자신의 동기부여 요소를 잘 모른다는 주장은 1999년 레스터대학교의 심리학자 에이드리언 노스Adrian North가 주도한 실험으로 입증되었다.

노스 교수는 2주 동안 슈퍼마켓의 와인 코너에서 흘러나오는 배경 음악으로 전통 독일식 움파oompah 음악과 프랑스식 아코디언 음악을 번갈아 틀었다. 아코디언 곡이 연주될 때 프랑스 와인이 판매량의 83%를 차지했고, 움파 곡이 배경 음악일 땐 독일 와인이 판매량의 65%를 차지했다. 판매량 변화라는 척도는 음악이 구매할 와인의 종류를 결정짓는 주요 요인이라는 사실을 보여준다.

이후 노스 교수는 슈퍼마켓을 떠나는 사람들을 멈춰 세우고 프랑스산 혹은 독일산 와인 중 어느 것을 샀는지 그리고 왜 그 와인을 골랐는지 물었다. 2%의 사람들만이 자발적으로 선택의 이유를 음악에서 찾았다. 음악에 영향을 받았을 때조차 86%의 사람들이 음악에 아무 영향도 받지 않았다고 진술했다. 동기부여 요소에 대한 사람들의 주장은 사실과 완전히 달랐다.

중요한 건 사람들이 거짓말을 했다는 게 아니라 진정한 동기부여 요소를 알지 못했다는 데 있다.

노스 교수의 실험과 같은 연구 결과는 여러분이 설문조사나 포커스 그룹에서 얻은 결론을 합리적으로 의심해봐야 한다는 점을 시사한다.

그러면 여러분이 수집된 데이터를 사용하지 않으려면 어떻게 해야 할까? 행동과학자들은 관찰 데이터를 더 우선시한다. 이 분야에서 여러분에게 특히 도움이 될 수 있는 두 가지 기법이 있다. 바로 모나딕테스트monadic test와 현장 실험이다.

2. 모나딕테스트를 활용해 설문조사의 정확도를 개선하라

모나딕테스트는 설문조사에서 더 정확한 응답을 도출하는 간단한 방법이다. 이 접근법은 무작위로 실험 참가자들을 그룹 혹은 집단으로 나누는 과정을 포함한다.

참가자들은 어떤 개념과 관련해 같은 요약 설명을 듣는다. 각 집단이 들은 요약 설명에는 추가로 포함된 사실이 있으며, 이 사실은 집단마다 다르다. 이후 우리는 응답자들에게 해당 개념에 대해 어떻게 느끼는지 질문한다. 이때 평가의 차이는 변수에 기인한다.

위 내용이 조금 헷갈린다면 구체적 예시가 도움이 될 것이다. 내가 '시간적 리프레이밍temporal reframing'에 관해 수행한 연구를 살펴보자. 시간적 리프레이밍이란 사람들이 가격을 검토할 때 제시된 금액의 총액에 너무 많은 가치를 부여하는 반면 기간에는 가치를 너무 적게 둔다는 개념이다.

나는 500명에게 자동차 사진 한 장과 간략한 제품 설명서를 보여주었다. 모든 사람에게 똑같은 사진과 설명서가 주어졌다. 집단에 따라 사람들에게 전달된 제품 가격은 하루에 4.57파운드, 일주일에 32파운드, 한 달에 139파운드, 마지막으로 1년에 1,668파운드로 다르게 기재했다. 그러나 정작 계산해보면 4개의 가격 조건 모두 1년에 지불해야 하는 금액은 같았다.

마지막으로 실험 참가자들에게 자동차의 가치를 평가해달라고 했다. 결과에 따르면 기간이 길수록 거래의 매력도가 떨어졌다. 가격을 하루 기준으로 보여줬을 때가 연간 금액으로 보여줬을 때보다 매력적인 거래라고 평가될 확률이 4배나 높았다.

이 실험이 실제 비즈니스에서 갖는 함의는 간단하다. 가능한 한 가장 짧은 시간 단위로 가격을 전달해야 한다는 것이다.

그런데 여기서 주목해야 하는 것은 실험 결과가 아닌 기법이다. 모나딕테스트를 우회적으로 적용하면 훨씬 정확한 응답으로 이어진다. 여러분이 사람들에게 직접 "하루에 1파운드 혹은 일주일에 7파운드 낸다고 할 때 자동차 가격의 합리성을 효과적으로 설득할 수 있는 거래 조건은 어떤 것인가요?"라고 묻는다면 그들은 당황할 것이다. 그리고 여러분에게 가격 조건이 정확히 같다고 말할 것이다. 하지만 모나딕테스트는 우회적으로 질문을 던짐으로써 사람들이 잘 인지하지 못하는 진짜 행동 유발 요인을 제거한다.

다음에 설문조사에서는 꼭 이 간단한 기법을 사용해보자.

⫶ 3. 현장 실험으로 모나딕테스트를 보완하라 ⫶

모나딕테스트는 유용하지만 여전히 수집된 데이터라는 점은 간과할 수 없다. 훨씬 나은 접근법은 현장 실험을 실시하는 것이다. 이는 심리학자들이 사용하는 표준 접근법 중 하나다.

현장 실험 기법은 간단하다. 설문조사가 아닌 자연스러운 환경에서 한 가지 변수를 제외하고 모든 요인을 동일하게 유지되는 두 개의 상황을 만든다. 그런 다음 각 환경에서 나타나는 행동의 차이를 측정한다. 모든 행동의 차이는 변수의 변화에 기인한다.

다시 말하지만, 위 설명이 살짝 모호하게 들린다면 몇 년 전 자사제품이 비싸다는 인식을 뒤집고 싶어 했던 영국의 한 대형 슈퍼마켓과 함께 내가 수행한 현장 실험의 예시를 살펴보자.

해당 슈퍼마켓의 홍보 광고를 보고 난 후 나는 그들이 단수가격정책을 거의 사용하지 않는다는 사실을 알아차렸다. 단수가격정책이란 가격의 마지막 숫자를 9로 책정하는 관행으로, 그렇게 할 때다른 가격에 우위를 점하는 것처럼 보인다는 근거를 바탕으로 한다.* 나는 그들에게 점포와 광고 모두에서 단수가격을 더 많이 확대할 것을 제안했다.

슈퍼마켓 측은 납득하지 않았다. 그들은 9로 끝나는 가격이 볼품없고 힘들게 쌓은 품질에 대한 평판을 손상시킬 수 있다고 생각했다. 그들의 생각이 틀린 건 아니다. 소비자들이 딱 떨어지는 가격을 선호한다는 몇 가지 증거가 있다. 2013년 코넬대학교의 마이클 린Michael Lynn 교수는 뉴욕 북부에 있는 한 셀프 주유소의 매출을 분석했다. 그는 매출의 56%가 .00으로 끝났다는 사실을 발견했다. 이는 우연의 일치보다 훨씬 높은 확률이다. 린 교수는 이 결과가 딱 떨어지는 가격에 대한 운전자들의 선호를 반영한다고 주장했다.

하지만 주유소에서의 일화가 단수가격정책이 슈퍼마켓의 가치를 떨어뜨린다는 주장을 증명하는 것은 아니다. 이 불확실성은 실험을 진행할 완벽한 순간이라는 것을 의미했다. 안타깝게도 해당 브랜드는 주요 프로젝트에 필요한 자금을 제공해줄 준비가 되어 있

---

* 단수가격정책에 흥미가 생긴다면 전작인 『어떻게 팔지 답답할 때 읽는 마케팅 책』에서 몇 가지 실험 증거를 다루고 있으니 참고하면 좋다. 예를 들면 2008년 시카고대학교의 에릭 엔더슨(Eric Anderson)의 연구와 MIT의 덩컨 시메스터(Duncan Simester)연구가 있다. 두 사람은 서로 다른 가격이 드레스 판매량에 미치는 영향을 검증하기 위해 통신 판매업체와 협력했다. 드레스 가격이 34달러일 때 판매량은 16개였고 39달러일 때는 21개, 44달러일 때는 판매량이 17개로 변화했다. 표본 크기가 작기 때문에 두 사람은 같은 실험을 반복했고, 매번 같은 결과를 얻었다. 연구진은 실험을 계속 반복하여 높은 할인 폭과 단수가격 정책이 서로 얽히게 되었다고 주장했다. 원래 가격과 관계없이 99페니라는 숫자를 보기만 해도 할인으로 받아들이는 셈이다.

지 않았다. 따라서 알렉스 보이드와 나는 비용이 적게 드는 간단한 연구를 설계했다.

우리는 번화한 런던 거리의 쇼핑객들에게 초콜릿 시식을 요청했다. 초콜릿은 배경 설명과 함께 제공되었다. 우리는 사람들에게 이것이 볼리바르Bolivar라고 불리는 초콜릿 브랜드이고 곧 영국에 출시될 예정이며, 가격은 다음과 같다고 말했다. 어떤 사람들에게는 작은 초콜릿 바 한 개에 79페니, 다른 사람들에게는 80페니가 될 것이라고 했다.

볼리바르 초콜릿에 대한 부분은 일종의 가벼운 속임수였다. 실제로 시식 초콜릿은 데어리밀크Dairy Milk사의 초콜릿에서 떼어낸 조각이었다. 하지만 우리가 이러한 이야기를 꾸며낸 이유는 가격의 영향력을 제거할 수도 있었던 브랜드에 대한 선입견을 사람들이 갖지 않도록 하기 위해서였다.

쇼핑객들이 초콜릿 시식을 마친 후에 우리는 1에서 10점 척도로 맛을 평가해달라고 요청했다. 초콜릿 바 한 개가 80페니라고 생각한 사람들은 7.1점을 준 반면 79페니라고 생각한 사람들은 살짝 높은 점수이긴 하나 그 차이가 통계적으로 무의미한 7.6점을 주었다.

20파운드도 안 되는 돈과 오후 몇 시간을 활용해 우리의 가설을 실험했고 단수가격정책이 적어도 초콜릿 바의 세계에서는 품질에 대한 인식을 저하하지 않는다는 사실을 증명했다.

이제 여러분은 두 가지 기법을 자유롭게 사용할 수 있다. 현장 실험이 현실 세계를 훨씬 더 정확히 반영한다. 그래서 나는 모나딕테스트보다는 현장 실험을 우선시한다. 하지만 빠르게 답을 구해야 할 땐 단순한 모나딕테스트보다 더 나은 건 없을 것이다.

⋮ 4. 여섯 단계 과정을 따라라 ⋮

이제 여러분은 몇 가지 유용한 기법들을 알게 되었다. 다음으로 실험을 수행할 때 따라야 하는 절차를 살펴보자. 6가지 주요 단계는 다음과 같다.

1단계: 해결하고자 하는 문제를 구체적으로 정하라. 문제는 명확해야 한다. 과제를 '매출 증대' 혹은 '이익 증대'로만 정의하지 말자. 너무 모호한 말이다. 대신 일반화된 목표를 여러분이 달성해야 하는 더 작고 구체적인 문제로 쪼개자. 앞서 언급한 슈퍼마켓 사례에서는 문제가 단수가격정책이 품질 인식을 훼손하는지를 판단하는 것이었다.

2단계: 주제와 관련된 기존 연구 결과를 살펴보라. 행동을 변화시키는 방법에 관한 학문적 연구는 이미 수천 개가 존재한다. 기존의 연구를 살펴보며 여러분이 직면한 과제가 이미 연구된 주제인지 확인하자. 슈퍼마켓 사례에서 단수가격정책이 품질 인식을 훼손할 수 있다는 주장을 뒷받침하는 연구는 린 교수의 실험이었다.

3단계: 기존 연구가 만족스러운지 판단하라. 논문을 검토한 후 기존 연구가 여러분의 질문에 적절한 답을 제공하는지 판단하라.

그렇지 않은 경우도 꽤 존재한다. 학술 연구의 표본이 대표성이 없거나 실험이 여러분이 속한 시장 혹은 범주와 다르거나 실험 설계에 문제가 있을 수 있다.

현장 실험 사례에서는 기존 연구가 품질 인식에 끼치는 영향이 아닌 선호도를 다루었다는 문제가 있었다. 이 이유로 우리는 4단계로 넘어가야 했다.

4단계: 여러분만의 현장 실험이나 모나딕테스트를 설계하라. 그리고 다음 사항을 명심하자.

① 실험은 단순해야 한다. 한 번에 하나씩 검증한다는 원칙을 고수하자. 나의 초기 실험 중 일부는 여러 지표를 한 번에 테스트하려고 시도하자 흐트러지기 시작했다.

② 표본은 대표성을 지녀야 한다. 다시 말해 실험 참가자들이 여러분의 관심 집단을 제대로 반영해야 한다.

③ 실험 참가자들이 실험에 참여하는 이유를 알아선 안 된다. 그렇지 않으면 그들의 행동에 영향을 미칠 수 있다.

④ 두 상황에서 한 가지 요인을 제외한 모든 변수는 반드시 동일하게 유지해야 한다.

⑤ 연구 결과가 통계적으로 유의미할 수 있도록 표본 크기가 충분히 커야 한다.

이러한 간단한 절차를 따르면 실험에 큰 비용이 들어가지 않는다. 사실 비용이 적으면 훨씬 더 좋다. 여러분이 통찰에 이르는 빠르고 간소한 접근법을 따른다면 매주 실험을 진행할 수도 있다. 아주 비싼 연구를 1년에 딱 한 번 실시하는 것보다 이편이 훨씬 낫다.

4단계를 가설 검정이라고 생각하자. 완벽해지려고 모든 것을 갖출 필요는 없다. 기존 연구에서 개선된 부분만 있어도 충분하다.

5단계: 현실에서 구현할 수 있는 실험을 실시하자. 빠르고 간소한 실험을 진행한 후에는 더 큰 규모의 현장 실험을 실시해야 한다. 우리가 논의한 모나딕테스트의 사례에서 밟아야 하는 다음 단계는 웹사이트에서 A/B 실험을 실행하는 것이다. 방문자 중에서 대다수는 여러분이 평상시 제시하는 시간 단위로 가격을 보는 반면(이것이 통제집단이다), 일부는 일주일 혹은 하루를 기준으로 책정된 가격을 보게 된다. 그런 다음 여러분은 저마다 다른 조건에서의 판매량을 관찰한다.

6단계: 실험 결과에 따라 여러분의 커뮤니케이션 전략을 변경한다. 당연하지만 중요한 부분이다. 이후 여러분이 행동에 변화를 주지 않는다면 실험을 진행하고 의미 있는 결과를 발견하는 건 아무런 소용이 없다.

만약 실험에 대한 지금까지의 논의가 여러분이 어떤 연구를 진행할 것인지 생각하게 했다면 프레이밍 원칙을 활용해 한 가지 실험을 수행해보는 건 어떨까? 이 심리 편향이 친숙하지 않다면 여러분은 운이 좋은 것이다. 다음 페이지를 넘기면 여러분이 알아야 할 모든 것을 이야기하겠다.

10장

프레이밍

THE ILLUSION OF CHOICE

몇 주 후면 친구의 생일이다. 선물을 사기 위해 잠시

사무실을 나와 시내 중심가로 향하는 당신. 근처 보석 가게에서

그녀가 좋아할 만한 빅토리아풍의 브로치를 발견한다.

불편한 충격에 대비하기 위해 가격표를 넘기며 잠시 숨을 참는다.

유쾌한 마음으로 놀라는 당신. 예상보다 가격이 비싸지 않다.

밝은 표정을 지으며 계산대로 향한다.

줄을 서 있다가 계산대에 붙어 있는 작은 안내 문구를 발견한다.

"신용카드 결제는 2.5%의 추가 요금이 붙습니다."

브로치값을 지불할 현금이 부족한 당신.

카드로 결제하는 대신 어쩔 수 없이 추가로 돈을 내야 한다.

당신의 뺨이 붉어지기 시작한다.

• • •

기준 가격을 2.5% 올린 다음 현금 지불에 대해 똑같이 할인을 제공했다면 가게 주인이 여러분을 짜증 나게 하지 않을 수 있었을 텐데. 경제학자라면 두 상황이 모두 같지 않으냐고 주장할지 모르 겠으나, 심리학자는 다르다는 사실을 인지할 것이다. 득보다 실이 더 커 보이기 때문에 쇼핑객들은 카드를 사용하고 할인을 포기하 는 것에는 거부감을 느끼지 않지만, 현금 계산에 대한 추가 요금을 지불하는 건 굉장히 고통스럽다.

이는 단순한 추측이 아니다. 2000년 EU가 의뢰한 연구에 따르 면 네덜란드의 카드 소유자 150명 중 74%가 신용카드 할증요금을 나쁘다고 생각했으나 현금 할인으로 상황을 재구성했을 때는 수치 가 49%까지 떨어졌다.

표현을 조금만 바꿔도 상황의 영향력을 완전히 바꿀 수 있다는 아이디어는 지불 수단 이외의 분야로까지 확장된다. 관련된 고전적 인 증거는 1988년 아이오와대학교의 어윈 레빈Irwin Levin과 개리 개 스Gary Gaeth 교수의 실험에서 찾을 수 있다. 두 사람은 학생들에게 다진 소고기 1인분을 제공하면서 일부 집단에는 '75%가 살코기', 다른 집단에는 '25%가 지방'이라고 말했다.

> 표현을 조금만 바꿔도 상황의 영향력을 완전히 바꿀 수 있다.

두 시나리오에서 사용된 소고기는 같은 묶음에서 나왔기 때문에 모두 같았으며 지방 함량 수준에 대한 정보 역시 객관적으로 똑같았음에도 프레임은 학생들의 맛 평가에 영향을 미쳤다.

연구진은 학생들이 살코기 함량이 75%라는 말을 들었을 때 다진 고기를 선호한다는 사실을 발견했다. 학생들은 지방 함량이 25%인 다진 고기라는 말을 들었을 때보다 품질과 기름기가 적은 특성을 각각 19%와 31% 더 높게 평가했다.

그런데 프레이밍은 왜 이렇게 중요할까? ─────

프레이밍이 큰 영향력을 미치는 이유는 대니얼 카너먼의 책 『생각에 관한 생각』에서 논의된다. 그는 우리가 '이미 알려진 사실'을 기반으로 결정을 내린다는 아이디어를 탐구했다. 다시 말해, 우리는 우리 앞에 놓인 정보만 고려할 뿐 그 순간 우리가 인식하지 못하는 잠재적인 관련 요소들은 무시한다는 얘기다. 이것은 그가 '당신에게 보이는 것이 세상의 전부다What You See Is All There Is' 혹은 줄여서 'WYSIATI'라고 부르는 개념이다.

카너먼의 말을 옮기면 다음과 같다.

WYSIATI는 우리가 소유한 정보가 마치 유일한 것처럼 여기는 경향을 의미한다. 우리는 "글쎄요, 제가 아직 모르는 게 많아요."라고 말하는 데 시간을 많이 쓰지 않는다. 우리는 이미 알고 있는 것으로 문제를 해결한다. 그리고 이러한 개념은 우리 마음이 적응적으로 기능하는 데 매우 중요하다.

카너먼의 아이디어는 마케터에게 흥미롭게 다가온다. 그것은 소비자의 주의 초점을 편집함으로써 소비자의 정서 반응을 형성할 수 있음을 의미한다.

하지만 중요한 건 프레이밍 그 이상이다. 단어 하나만으로 차이를 만들 수 있다. 워싱턴대학교의 엘리자베스 로프터스Elizabeth Loftus와 존 팔머John Palmer 교수의 1974년 연구에서 뚜렷한 증거를 볼 수 있다. 두 사람은 참가자들에게 자동차 사고 영상을 보여준 다음 차량이 얼마나 빠르게 달리고 있었는지 추정해보라고 했다.

하지만 질문은 참가자에 따라 동사가 한 단어씩 바뀌어 있었다. 구체적으로 예를 들면 그들은 다음과 같은 질문을 받았다. "차량이 서로 (박살 났을 때/충돌했을 때/부딪혔을 때/들이받았을 때/접촉했을 때) 얼마나 빨리 달리고 있었나요?"

한 단어의 변화가 학생들이 속도를 추정하는 데 상당한 영향을 미쳤다. '박살 났을 때'라고 질문을 받은 참가자들은 '접촉했을 때'라는 질문을 받은 사람들보다 차량이 27% 더 빠르게 움직이고 있었다고 생각했다. 질문에 쓰인 동사가 참가자들이 현실을 바라보는

동사	참가자들이 추정한 속도(mph)
박살났을 때	40.8
충돌했을 때	39.8
부딪혔을 때	38.1
들이받았을 때	34.0
접촉했을 때	31.8

출처: Elizabeth Loftus, John Palmer, 1974

방식을 왜곡하는 렌즈처럼 작용한 셈이다.

우리의 인식을 형성하는 언어의 힘은 실험실 상황에 국한되지 않는다. 마키아벨리식 운전 사례는 1920년대 미국으로 거슬러 올라가는데, 당시 폭발적으로 늘어난 자동차 보급량으로 보행자 사망자 수가 증가하는 결과가 초래됐다. 놀랄 것도 없이 이는 자동차 제조업체를 향해 대중의 분노를 일으켰다.

운전자들에게 쏟아지는 비난의 화살을 돌리려는 시도로 제조업체들은 똘똘 뭉쳐 이전에는 논란이 되지 않았던 도로를 건너는 행위를 묘사한 새로운 단어인 '무단 횡단jaywalking'을 만들었다.

당시 'jay'는 경멸적인 단어로, 도시의 규칙에 혼란스러워하는 외지인 또는 촌스러운 시골뜨기라는 뜻을 담고 있었다. 따라서 무단 횡단은 수치스러운 일이었다. 이 단어가 유행하면서 사망에 대한 책임이 운전자에서 보행자로 넘어갔다. 사실 오늘날에도 여전히 미국의 도시들은 무단 횡단하는 사람들에게 벌금을 물린다.

엄선된 단어의 영향력을 확인할 수 있는 건 1920년대 미국뿐만이 아니다. 최근 사례로는 세라 카터Sarah Carter과 레스 비네Les Binet의 훌륭한 책 『계획하지 않는 방법How Not to Plan』에서 다뤄진 2012년 런던을 꼽을 수 있다.

영화 〈슬럼독 밀리어네어Slumdog Millionaire〉와 〈트레인스포팅 Trainspotting〉의 감독 대니 보일Danny Boyle은 2012년 런던 하계올림픽 개막식 행사의 연출을 맡았다. 그는 6만 명의 관람객 앞에서 생방송으로 진행될 쇼의 최종 리허설을 총괄했다.

관객의 존재가 현실감을 높이고 배우들의 각오를 다지게 했지만, 그로 인해 다른 문제가 생겼다. 관객들의 스포일러 행위를 어떻게 막을 것인가? 보일 감독은 관객들에게 개막식의 세부 사항을 비밀로 해달라고 말하지는 않았다. 대신 사람들에게 "서프라이즈만큼은 지켜달라"고 요청했다. 세부 사항을 전달하는 행위가 소중한 정보를 공유하는 것이 아닌 쇼의 흥을 깨트리는 것임을 강조한 미묘한 인식의 전환이다.

보일 감독의 단어 선택 덕분에 개막식 날 밤의 서프라이즈는 놀랄 만큼 언론에 유출되지 않았다. 이로써 그 효과가 입증되었다.

이 일화의 메시지는 명백하다. 단어를 현명하게 골라야 한다. 단어에는 행동을 변화시키는 힘이 있다. 이제 어떻게 하면 여러분이 이와 같은 효과를 낼 수 있는지 살펴보자.

이러한 심리를 어떻게 활용할 수 있을까? ───────

언어의 미묘한 변화가 제언의 영향력을 바꿀 수 있다는 사실을 아는 게 가장 중요하지만, 너무 일반적인 조언이다. 여러분이 프레이밍의 힘을 활용할 수 있는 구체적인 방법 세 가지를 살펴보자.

⋮ 1. 득보다는 실에 집중하라 ⋮

어쩌면 가장 간단한 응용은 제품을 홍보할 때 득보다는 실에 초점을 맞추는 것이다. 이 전략은 이스라엘의 심리학자 아모스 트버스키Amos Tversky와 대니얼 카너먼이 발견한 '손실 회피loss aversion'라는 개념을 활용하는 것이다. 손실 회피란 득보다 실이 더 커 보이는 상황을 의미한다.

뒷받침하는 증거는 하버드대학교의 심리학자 앨리엇 애런슨Elliot Aronson*의 간단한 실험에서 찾을 수 있다. 1988년 애런슨 교수는 주택 소유자 404명에게 접근해 집에서의 단열 장치 효과에 관해 이야기했다. 절반은 집에 단열 장치를 설치하면 하루에 75센트를

---

* 애런슨 교수는 아마 '실수 효과(pratfall effect)'로 가장 유명할 것이다. 이는 결점이 드러난 사람 혹은 제품이 더욱 인기를 얻는다는 개념이다. 많은 훌륭한 광고 캠페인이 이 아이디어를 활용했다. 이를테면, 폭스바겐VW(못생긴 건 피부 한 꺼풀에 불과하다.), 마마이트(미치도록 좋아하거나 미치도록 싫어하거나.) 기네스(기다리는 자에게 좋은 일이 찾아온다.) 등이 있다. 더 많은 사례는 나의 첫 책인 『어떻게 팔지 답답할 때 읽는 마케팅 책』에서 찾을 수 있다.

절약할 수 있다는 이야기를 들었고, 나머지는 단열 장치를 설치하지 않으면 같은 금액을 손해 본다는 이야기를 들었다.

그 후 애런슨 교수는 사람들에게 단열 장치에 관한 자세한 정보를 제공하는 서비스에 등록하고 싶은지 물었다. 집에 단열 장치를 설치함으로써 얼마나 이득을 볼 수 있는지를 안내받았을 때 주택 소유주의 39%가 정보 제공 서비스를 요청했다. 그런데 단열 장치를 설치하지 않으면 얼마나 손해를 볼 수 있는지 안내받은 사람들은 61%가 서비스에 등록했다. 가입률이 56% 증가한 수치다.

마케터들이 활용하기 용이한 연구 결과다. 대부분의 캠페인은 해당 브랜드를 구매함으로써 얻게 되는 이익에 초점을 맞춘다. 손실 회피는 여기에 미묘한 변화를 암시한다. 즉 사람들이 바뀌지 않으면 무엇을 잃게 될 것인지를 강조한다.

여러분이 휴대전화 브랜드에서 일한다고 상상해보자. 다른 마케터들이 많이 사용하는 방식, 즉 한 달에 30파운드의 이득을 보게 된다고 고객들을 설득하는 방식을 흉내 내는 대신 여러분은 카피를 살짝 비트는 방식으로 이 아이디어를 적용할 수 있다. '우리 회사 요금제로 바꾸세요. 그렇지 않으면 한 달에 30파운드씩 손해를 보시게 될 겁니다.'라고 쓰는 것이다.

⋮ 2. 동사보다 명사를 사용하라 ⋮

카피를 비틀어 행동을 더 효과적으로 바꿀 수 있는 간단한 방법이 또 있다. 동사 사용을 명사 사용으로 전환하는 것을 고려해보자. 2011년 스탠퍼드대학교의 크리스토퍼 브라이언Christopher Bryan은 2008년 대선에서 투표할 자격이 있었으나 선거인 명부에 등록하지 않았던 캘리포니아 유권자들을 모집했다.

참가자들은 투표 의사에 관한 설문조사를 완료해달라는 요청을 받았다. 각 참가자는 두 가지 버전 중 하나의 설문조사를 완료했다. 첫 번째 버전에서는 명사를 사용한 간단한 질문들로 투표를 언급했다. 예를 들면 이런 식이었다. "다가오는 선거에서 유권자가 되는 것이 당신에게 얼마나 중요한가요?" 다른 버전에서는 다음과 같이 동사를 사용한 질문들로 투표를 언급했다. "다가오는 선거에서 투표하는 것이 당신에게 얼마나 중요한가요?"

설문조사가 끝난 후 참가자들은 선거권을 행사하려면 선거인 명부에 등록해야 한다고 안내받았다. 브라이언 교수는 명사 그룹에 속한 사람들이 다른 이들보다 선거인 명부 등록에 훨씬 더 많은 관심이 있다는 것을 발견했다. 그의 말을 옮기면,

사람들은 명사 어휘가 누군가의 본질적인 특성을 더 잘 나타내도록 해준다고 생각한다.

다시 말해 동사는 우리가 하는 일을 나타내고, 명사는 우리가 누구인지를 반영한다. 그리고 설득력이 더 큰 쪽은 후자이다.

사람들이 과거 행동과 현재 자신을 동일시하도록 만들고 싶다면 명사를 활용해보자. 일례로, 얼마 전 나는 사람들의 구독 갱신을 원하는 한 잡지 브랜드와 함께 작업했다. 우리는 구독 연장 안내문에 사용된 문구를 "구독해주셔서 감사합니다."에서 "구독자가 되어 주셔서 감사합니다."로 수정했다. 작은 변화였지만 효과는 강력했다.

⋮ 3. 사회적 증거를 활용해 불만을 최소화하라 ⋮

마지막으로 재고가 점점 떨어져 가고 있을 때 미묘한 언어 변화로 어떻게 하면 고객의 짜증을 줄일 수 있는지 살펴보자. 2019년 텍사스대학교의 로버트 피터슨Robert Peterson 교수는 1,117명의 참가자에게 한 웹사이트의 상품 페이지를 보여주었다. 상품은 '품절' '완판' '이용 불가' 중 하나로 표시되었다.

해당 페이지의 다른 세부 정보가 모두 같았음에도 사용된 문구가 응답자의 반응에 상당한 영향을 미쳤다. '완판'이라는 용어는 다른 두 문구보다 부정적인 반응이 훨씬 적었다. 응답자들은 제품이 '품절'로 프레이밍 되었을 때보다 8% 적게, '이용 불가'라고 프레이밍 되었을 때보다 15% 더 적게 실망감을 느꼈다.

'완판'이라는 용어는 제품의 인기를 강조하고 그에 관한 사회적 증거를 활용하기 때문에 더 효과적일 수 있지만, '이용 불가'는 물류 상의 이슈가 발생했음을 암시하는 것이다.*

이 장에서 우리는 언어의 미묘한 변화를 활용하는 세 가지 구체적인 방법, 즉 손실 회피, 명사의 힘, 사회적 증거를 다루었다.

그런데 이 장의 첫 부분에서 현금 결제와 관련된 추가 요금 사건을 잊으면 안 된다. 해당 사건은 프레이밍의 또 다른 요소를 포함하고 있었다. 요금이 설명되는 방식이 거래를 불공정하게 느껴지도록 했다. 신용카드로 지불한다고 해서 왜 더 많은 요금을 내야 하는가?

공정에 대한 욕구는 놀랄 정도로 우리의 행동을 추동한다. 다음 장에서는 이 인사이트를 여러분이 유리하게 활용할 수 있는 방법에 대해 살펴볼 것이다.

---

* 사회적 증거는 여러분이 어떤 행동이나 제품을 인기 있는 것처럼 보이게 만들면 더욱 매력을 갖는다는 매력적이게 된다는 아이디어다. 이 개념에 관한 자세한 내용은 전작인 『어떻게 팔지 답답할 때 읽는 마케팅 책』에서 확인할 수 있다.

11장

공정에 대한 욕구

보석 상점에서 돌아오니 상사의 이메일이 당신을 기다리고 있다.

상여금 소식을 기다려왔던 터라 설레는 마음으로 메일을 열어본다.

좋은 소식이다. 올해 고생한 보상으로 1,000파운드를 받게 되었다.

크게 숨을 내쉬는 당신. 바라던 액수보다 훨씬 많기 때문이다.

당신은 동료 톰에게 몸을 돌려 불쑥 보너스 이야기를 꺼낸다.

그는 따뜻한 축하의 말을 건넨 다음 본인은 상여금 1,100파운드로

장기 여행을 갈 기대에 차 있다고 덧붙인다.

가까스로 미소를 유지하는 당신. 우리 둘 다 맡은 업무가 같은데

어떻게 톰이 더 많은 보너스를 받았지? 당신의 생각은 최근 한 채용

컨설턴트와 진행한 미팅으로 옮겨간다.

그 에이전시가 그렇게 나쁜 곳은 아닐 거야...

• • •

순전히 논리적으로만 보면 여러분의 반응이 조금 이상하게 느껴질 수 있다. 다른 사람이 얼마를 받든 그게 뭐가 중요한가? 확실히 가장 중요한 건 여러분이 받은 상여금의 절대 금액이 아닌가? 어찌 되었든 여러분의 동료가 받은 금액과 관계없이 1,000파운드의 가치는 똑같은데 말이다.

이것이 당연한 행동 패턴이라 생각할 수도 있지만, 실제는 아니다. 게다가 우리가 관심을 가지는 건 후자이다. 실제 행동과 관련해서 우리는 공정성 위반이 사람들에게 행동 동기를 부여한다는 사실을 반복적으로 관찰한다.

이 주제를 다룬 첫 번째 실험은 1982년으로 거슬러 올라간다. 독일 쾰른대학교의 베르너 귀트Werner Güth, 롤프 슈미트베르거Rolf Schmittberger, 베른트 슈바르체Bernd Schwarze 교수가 진행했다. 세 학자는 '최후통첩 게임ultimatum game'이라는 실험을 고안했다. 이 실험에는 제안자 역할의 사람과 그 제안을 받는 사람 한 쌍으로 구성된 참가자들을 모집하는 과정이 포함되었다.

제안자에게는 일정한 양의 돈(최초의 실험에서 4~10마르크가 주어졌다. 현재의 4~10파운드쯤 된다.)이 주어졌는데 이 돈을 본인 재량껏 적절히 받는 사람과 나누도록 했다. 제안자와 분리되어 있었던 받는 사람에게는 두 가지 선택지만 주어졌다. 그들은 협상 없이 제안을 받아들이거나 제안을 거절할 수 있었다. 거절할 경우, 두 사람 모두 아무것도 받을 수 없었다.

이 실험에 앞서 대다수 경제학자는 제안을 받는 사람이 불균등한 분배금도, 예를 들어 10마르크 중 2마르크라도 받아들일 것으로 생각했다. 어쨌든 두 사람이 동의하는 게 더 좋은 결과일 것이다.

그런데 실제로는 그렇지 않았다.

제안자가 현금의 80%를 자신들이 갖는 것과 같이 극도로 불공평한 분할금을 제안했을 때 많은 이들은 거래를 거절했다. 사람들은 대가를 치르더라도 위반자를 기꺼이 처벌한 것이다.

> 사람들은 대가를 치르더라도 공정이라는 개념을 위반하는 사람을 처벌한 준비가 되어 있다.

여러분은 실험에 사용된 금액이 너무 적다는 사실을 알아차렸을 것이고, 이는 연구 결과가 적은 양의 현금일 때만 유의미하다는 것을 암시할 수도 있다. 한편 1999년 호주 멜버른대학교의 리사 캐머런Lisa Cameron 교수는 인도네시아에서 다시 한 번 최후통첩 게임을 진행했다. 이번엔 금액도 더 높았다. 분할금은 100달러까지 올라갔다. 실험 참가자들의 3개월 치 지출에 해당하는 금액이었지만 사람들은 극도로 불공평한 분할금을 거부했다.

혼란스러운 결과라고 생각할 수도 있다. 하지만 이 행동은 진화상 이점을 지니고 있다. 인간은 집단으로 뭉쳐야 힘을 발휘한다. 그리고 집단이 효율적으로 운영되려면 무임승차 문제를 해결해야 한다. 우리 자신이 대가를 치르더라도 공정이라는 규범을 위반하는 사람들을 철저히 처벌하는 것이 문제 해결 방법 중 하나다.

오래된 혈통 ─────────────

공정의 중요성은 우리 인류의 조상에게만 적용되는 게 아니다. 영장류에게서도 같은 현상을 볼 수 있다.

2003년 미국 조지아주 에모리대학교의 프란스 드 발Frans de Waal 과 수전 브로스넌Susan Brosnan 교수는 흰목꼬리감기원숭이에게 오이 슬라이스를 교환할 때 조약돌을 건네도록 훈련했다.

연구진은 다른 원숭이를 인접한 투명한 아크릴 상자에 넣었다. 투명한 환경은 두 원숭이가 서로를 관찰할 수 있다는 뜻이었다. 처음에는 같은 방식으로 실험이 계속되었다. 원숭이들은 돌을 건네주고 보상물을 받았다.

그런데 이후 심리학자들은 그들을 혼란스럽게 만들었다. 그들은 한 원숭이에게는 오이를, 다른 원숭이에겐 포도를 보상으로 주었다. 원숭이들은 포도를 훨씬 선호한다. 불공정한 요소가 끼어든 셈이다. 드 발의 말에 따르면, "흰목꼬리감기원숭이의 음식 선호도는 슈퍼마켓에서 파는 가격과 정확하게 일치한다."

원숭이에게 주어지는 절대적 이익에는 변화가 없었는데도 오이를 받은 원숭이들은 저항했다. 다른 원숭이가 포도를 받는 것을 볼 때 원숭이들은 실험 시간이 절반 가까이 흐르는 동안 제공된 오이를 거부했다. 혐오감을 표현하며 보기만 해도 기분 나쁜 오이를 우리 밖으로 던지곤 했다.* 이는 원숭이와 어울리지 않는 행동이다. 모든 원숭이가 오이를 받았기 때문에 공정한 환경이라고 볼 수 있는 원래 실험에서 보상을 거부한 원숭이의 비율은 5%에 그쳤다.

위 실험 결과가 흥미로운 이유는 원숭이와 인간이 공통된 조상을 공유한 지 수백만 년이 지났기 때문이다. 만약 불공정에 대한 반응이 두 종에서 모두 발견된다면 그건 이러한 성향이 깊은 뿌리를 지니고 있음을 암시하며, 따라서 우리가 행동에 영향을 미치려 한다면 이 성향을 이용해야 한다.

오이에서 현금으로 ────────────────

지금까지의 실험들은 불공정함이 유발하는 감정의 깊이를 보여주고 있지만, 실험은 상업 환경과 거리가 멀다. 이 점을 염두에 둔

---

* 이 실험에 대한 나의 설명은 한참 부족하다. 다음 링크에서 화가 난 원숭이들의 화면이 포함된 드 발의 테드 강연 영상을 볼 수 있다. www.youtube.com/watch?v=meiU? TxysCg.

채 2020년 나는 이 연구 결과들이 비즈니스와도 관련이 있는지 알아보기 위해 실험을 진행했다.

나는 영국의 응답자 그룹에게 코로나19 팬데믹 선포 초기에 9개들이 휴지 한 묶음의 가격을 5파운드에서 6파운드로 올린 슈퍼마켓에 관해 이야기했다. 대개 경제학자들은 이 조치가 합법적이고 단순히 수요와 공급을 반영한 결과라 느낄지도 모른다. 하지만 대다수 고객은 그렇게 보지 않았다. 압도적 다수인 83%의 응답자가 가격 인상이 부당하다고 답했다. 영국인만 그런게 아니었다. 프랑스에서 설문조사를 다시 진행한 결과 부정적 응답이 더욱 두드러졌는데, 무려 96%의 응답자가 가격 인상을 부당하다고 판단했다.

이 실험은 사람들이 물건을 살 때 공정성 문제에 반응한다는 사실을 암시한다. 하지만 문제를 인지하는 것과 그것을 기반으로 행동을 바꾸는 것은 다르다. 잃을 돈이 없는 사고 실험에서는 쉽게 분개할 수 있다. 만약 현금이 오고 가도 소비자들이 이렇게 원칙적으로 반응할 것인가?

시카고대학교의 샐리 블런트Sally Blount 교수와 노스웨스턴대학교의 맥스 베이저만Max Bazerman 교수의 실험에서 바로 이 문제를 들여다보았다. 연구진은 학생 126명에게 정치적 의사결정에 관한 실험 참가비로 소정의 현금을 지급했다. 하지만 정치 연구는 미끼였고, 연구진이 정말로 관심을 가졌던 것은 얼마나 많은 사람이 참여에 동의하느냐였다.

연구진은 두 가지 제안 중 하나를 각 학생에게 제시했다. 첫 번째 그룹의 학생들은 참가비로 7달러를 제공받았다. 이 시나리오에서는 3/4에 달하는 72%가 실험 참가에 동의했다.

다른 집단은 참가비로 8달러를 제공받았으나 그들에게는 약간의 거짓말도 전달되었다. 바로 앞선 참가자에게는 10달러가 지급되었다는 정보였다. 첫 번째 집단보다 1달러 더 많이 받았음에도 이들이 실험 참가에 동의하는 비율은 더 적은 54%에 불과했다. 이는 25%가 감소한 수치다.

사람들은 실험 참가 여부를 결정할 때 참가비의 절대적 금액도 저울질했지만, 비교 금액에도 동기부여를 받았다. 그들은 부당한 대우를 받을 바에야 이익을 얻을 기회를 거절할 각오가 되어 있었다. 블런트 교수의 실험은 공정성에 대한 인식이 상업 행동을 결정한다는 가장 강력한 증거를 제공한다.

이제 이 효과를 어떻게 적용할 수 있는지 살펴보자.

이러한 심리를 어떻게 활용할 수 있을까? ──────

⋮ 1. 정당한 분노를 활용하라 ⋮

앞서 살펴본 실험들의 첫 번째 함의는 공정성 위반으로 유발되는 정당한 분노를 활용하라는 것이다. 기존 브랜드를 바꾸고 여러분의 제품을 사용해보라고 설득하는 일은 어려울 수 있다. 하지만 기존 공급업체가 불공정하게 행동한 사실이 드러난 후에 잠재 고객을 공략할 수 있다면, 관성에 젖은 유대 관계는 약해질 것이다.

은행의 경우를 생각해 보자. 여러분이 현재 사용하는 계좌의 전환을 촉진하는 프로모션을 진행 중이라면 경쟁 은행에서 과도한 벌금을 고지받은 직후의 고객을 대상으로 하는 것이 이상적이다. 일례로 마이너스 통장 인출 금액 한도를 아주 살짝 넘었는데 벌금 10파운드를 청구받은 경우가 있을 수 있다.

혹은 경쟁사의 행동을 불공정한 것으로 재구성하는 전략을 고려해보자. 새로운 택시 브랜드는 우버Uber의 탄력 요금제를 잠재적 약점으로 파악하여 자사의 고정 요금제를 강조했다.

탄력 요금제는 확실히 기회처럼 느껴진다. 2015년 심리학자 제니 리델Jenny Riddell과 나는 지하철이 파업을 하는 당일 367명에게 우버의 탄력 요금제의 공정성에 관해 물었다. 83%가 가격 상승이 불공정하다고 생각했다. 실제로 우리가 더 자세한 질문을 던지자 사람들은 해당 정책을 '역겹다' '득을 보려한다' '부당 이득을 취한다'고 반응했다.

: 2. 여러분의 가격 정책에 공정의 원칙을 적용하라 :

두 번째로 공정성 원칙을 여러분의 가격 정책에 적용하는 것을 고려해보자. 여러분의 관점에서는 논란의 여지가 없는 가격 인상도 고객의 관점에서는 불공정하게 여겨질 수 있다는 사실을 인지하는 것에서 시작한다.

이 위험 요소를 최소화하기 위한 전략을 제안하는 실험들이 있다. 첫 번째로는 경제학자 리처드 세일러Richard Thaler, 대니얼 카너먼, 잭 네치Jack Knetsch가 한 실험이 있다. 1986년 세 사람은 참가자들에게 소매업자들의 가격 인상 행태에 관한 다양한 시나리오를 설명했다. 예를 들어 한 철물점은 눈보라가 몰아친 후 삽의 가격을 15달러에서 20달러로 올렸다. 이 경우는 82%의 참가자가 불공정하다고 인식했다. 더 커진 고객의 수요 앞에서 가격을 올리는 행위는 착취라고 해석되었다.

학자들은 이런 유형의 가격 인상이 어떻게 분노를 확산시키는 방식으로 전달될 수 있는지 탐구했다. 그들은 참가자들에게 다른 시나리오를 건넸다.

혼란스러운 교통 상황으로 인해 한 지역에서 상추가 부족해지고 도매가가 상승했다고 가정해보자. 해당 지역의 한 식료품점은 평상시 주문하던 양의 상추를 다른 때보다 포기당 30센트씩 더 비싸게 샀다.

따라서 고객에게 팔 상추 가격도 1포기당 30센트씩 올린다.

이 경우에는 가격 인상을 받아들이기 어렵다고 응답한 참가자가
21%에 불과했다. 이 실험이 갖는 의미는 명백하다. 가격을 올리려
면 정당한 이유를 제시해야 한다는 것이다. 임금이나 세금, 원자재
가격이 인상되었는가? 그렇다면 고객들에게 전달해야 한다. 많은
브랜드가 이러한 가격 요소들을 언급하지 못하고 있다. 여러분의
상황을 솔직하게 드러내야 한다. 그러면 고객들은 가격 인상을 수
용할 확률이 더 높다.

⋮ 3. '~때문에'의 힘을 활용하라 ⋮

브랜드들은 가격 인상의 근거를 설명하기 꺼리는 경우가 많다. 설
득력이 부족할까 두렵기 때문이다. 하지만 하버드대학교의 심리학
자 엘린 랭거Ellen Langer의 연구에 따르면 이것은 실수다.

1978년 랭거 교수는 대학 내 분주하게 돌아가는 복사기 앞에서
실험을 진행했다. 그녀는 두 가지 부탁 중 하나로 복사를 기다리는
줄에 들어가려 했다. 첫 번째는 "실례지만, 저는 5페이지를 복사하
면 됩니다. 제록스 기계를 써도 될까요?" 이 상황에서는 60%가 부
탁에 응했다.

이후 그녀는 부탁의 내용을 미묘하게 수정해 사람들에게 다가갔

다. "실례지만, 저는 5페이지를 복사하면 됩니다. 복사를 해야 하므로 제록스 기계를 써도 될까요?" 그녀가 대기 줄에 끼어들어야 하는 의미 있는 근거를 제시하지 않고 있다는 점에 주목하자. 당연히 복사를 하겠지, 아니면 왜 복사기를 쓰겠는가?

그런데 두 번째 시나리오에서는 응답률이 93%로 증가했다. 랭거 교수는 '~때문에'라는 단어가 사용되면 쓸모없는 혹은 그녀의 표현에 의하면 '플라세보 같은' 정보조차 부탁의 응할 확률을 높여준다. '~때문에'라는 단어 뒤에 보통 합리적인 이유가 따라온다는 사실 덕분이다. 의미 있는 근거 없이 단어 자체만의 연관성으로 부탁을 들어줄 가능성을 높인 셈이다.

이 연구에서 얻을 수 있는 교훈은 간단하게 적용할 수 있다. 의사소통할 때 항상 '~때문에'라는 단어를 제시하자.

⋮ 4. 간접적인 해석 ⋮

이 전략에는 가격 정당화에 적용될 수 있는 또 다른 시각이 있다. 다시 세일러 교수의 연구를 가져와 보자. 1985년 그는 두 실험 집단에 각기 다른 시나리오를 제공했다. 첫 번째는 다음과 같다.

무더운 날 당신은 해변에 누워 있다. 마실 수 있는 건 얼음물뿐이다. 지난 한 시간 동안 차가운 병에 담긴 당신이 가장 좋아하는 브랜드의 맛있는 맥주를 즐기는 상상만 하고 있다. 일행 중 한 명이 전화를 하려고 일어나는데, 근처에서 맥주를 파는 유일한 장소인 허름하고 작은 식료품점에서 맥주를 가져오겠다고 제안한다. 그는 맥주가 비쌀수도 있다며 맥주값으로 얼마나 쓸 수 있는지 묻는다. 당신이 말하는 가격과 비슷하거나 적으면 맥주를 사겠다고 한다. 그런데 당신이 말하는 가격보다 비싸면 그는 맥주를 사지 않을 것이다. 당신은 친구를 믿지만 가게 주인과 흥정할 기회는 없다. 당신은 그에게 얼마를 말할 것인가?

여기서 평균 상한가는 1.5달러였다. 이 숫자를 기억하자.

다음 참가자들에게도 비슷한 내용이 주어졌지만 한 가지가 달랐다. 이번에는 근처 고급 리조트 호텔에 바가 있다는 말을 들었다. 똑같이 맥주값으로 최대 얼마를 지불할 의향이 있는지 물었다. 이 경우 평균 상한가는 2.65달러였다.

두 집단 모두 해변에서 마시는 맥주란 정확히 같은 상품을 구입하고 있으며 지불할 수 있는 최대 금액을 말하고 있다. 그럼에도 두 번째 시나리오의 가격이 77% 정도 상승했다. 왜 그럴까?

우리가 살펴본 실험의 맥락에 따라 나는 부분적으로 공정성에 기인한다고 주장하고 싶다. 만약 사람들이 여러분 브랜드의 생산 원가가 더 높다고 인지한다면 그들은 더 큰 비용을 쓸 준비가 되어 있다. 이 실험은 세일러, 카너먼, 네치 교수의 상추 실험처럼 생산 원가를 명시적으로 언급할 필요는 없지만, 은연중에 전달할 수 있음을 시사한다.

： 5. 고객들이 공정하게 행동하도록 하라 ：

지금까지와 살짝 다른 도전을 해보면 어떨까? 만약 여러분의 브랜드가 고객들의 공정한 행동을 보장해야 한다면? 여러분이 활용할 수 있는 한 가지 전략은 '감시의 눈 효과watching eyes effect'이다.

이 아이디어와 가장 관련성이 높은 학자는 바로 뉴캐슬대학교의 멀리사 베이트슨Melissa Bateson 교수다. 2011년 그녀는 대학 내 셀프서비스 식당에 일련의 포스터를 배치했다.

어떤 날은 포스터에 한 쌍의 눈eye과 함께 "식사를 마친 후에는 제공된 선반에 쟁반을 놓아주세요. 감사합니다." 혹은 "이 식당에서 구매한 음식과 음료만 섭취해주세요. 감사합니다." 둘 중 하나의 메시지가 포함되었다. 다른 날에는 눈이 꽃 그림으로 대체되었다.

연구진은 각 상황에서 요청 사항을 따르지 않는 비율을 관찰했다. 베이트슨 교수는 눈 그림이 있는 포스터 앞에서 사람들이 쓰레기를 버릴 확률은 꽃 그림이 있는 포스터와 비교해 50% 가까이 떨어졌다는 사실을 발견했다. 포스터에 쓰레기 투기 금지 메시지가 있었는지 없었는지는 상관 없었다. 중요한 건 눈의 존재였다.

이 연구 결과가 놀랍게 느껴질 수도 있겠지만, 옥스퍼드대학교의 키스 디어Keith Dear 교수가 주도하는 15개 연구에 대한 메타 분석도 이 결과를 뒷받침한다. 이 연구들은 쓰레기 투기, 자전거 도난, 엔진 공회전과 같은 다양한 반사회적 행동들을 살펴보았다. 이 모든 실험 환경에서 디어 교수는 일관된 패턴을 발견했다. 눈이 있을 때 사람들의 반사회적 행동이 최대 35%까지 감소한 것이다.

눈의 존재는 누군가 우리를 지켜보고 있을지도 모른다는 사실을 상기시킨다. 그리고 이는 사회가 기대하는 방식으로 행동하도록 우리를 격려하는 것처럼 보인다. 우리가 부정하게 행동할 가능성을 줄여주는 셈이다.

이 장에서 우리는 공정을 이루는 다양한 요소들을 살펴보았다. 하지만 여기서 다루지 않은 한 가지 관련 분야가 있다. 선택의 자유가 박탈당할 때 사람들이 어떻게 분노를 느끼는지이다. 이 상황은 사람들에게 불공정한 느낌을 준다. 다음 장에서 다룰 주제가 바로 이것이다.

12장

선택의 자유

업무와 한창 씨름 중인데 아내에게서 걸려 온 전화로 흐름이 끊긴다.

방금 퇴근해서 집에 왔는데 집안이 쓰레기장 같다는 것이다.

그녀의 말에 따르면 딸아이 방이 폭탄을 맞은 꼴이라고 한다.

옷가지가 방바닥에 널브러져 있다고.

당신은 불만에 차 끙끙거리는 소리를 내뱉는다.

어젯밤만 해도 딸에게 방을 깨끗이 치워야 할 필요성,

아니 반드시 그렇게 해야 한다고 적어도 10분간 잔소리를 늘어놓았다.

딸은 왜 당신의 말을 무시했을까?

・・・

자녀를 올바른 방향으로 지도하려 했는데, 오히려 역효과를 낳았다. 무조건 부모의 말을 따르라고 강요한 탓에 여러분은 의도치

않게 반발reactance이라는 심리적 편견을 촉발한 것이다.

반발심리는 1966년 예일대 심리학자 잭 브렘Jack Brehm에 의해 처음 보고되었다. 브렘 교수에 따르면 자율성이 위협받는다고 느낄 때 사람들은 대개 자유를 누릴 권리를 강조하는 형태로 반응한다. 심한 강압적 요구는 역효과를 낳을 가능성이 크다는 의미다.

여러분이 개인적인 입장에서 이 이야기를 듣고 싶어 할 수도 있지만, 중요하게 봐야 할 것은 반발심리가 아이들에게 영향을 미치는 것 이상의 효과가 있다는 사실이다. 텍사스대학교의 제임스 페네베이커James Pennebaker와 데보라 예이츠 샌더스Deborah Yates Sanders의 1976년 연구를 살펴보자.

연구진은 남자 화장실에 낙서를 하지 말라는 표지판을 설치했다. "화장실 벽에 낙서하지 마세요."라는 문구가 부드럽게 쓰인 표지판과 단호한 어조로 "벽에 낙서 금지!"라고 쓰인 표지판이 있었다. 이후 연구진은 두 시간마다 표지판을 돌아가며 바꿨다. 각 주기가 끝날 때마다 표지판의 낙서 개수를 세었다.

두 사람은 권위주의적 스타일이 반발심리를 훨씬 더 많이 유발한다는 사실을 발견했다. 부드러운 어조의 메시지가 사용되었을 때와 비교해 낙서의 양이 거의 두 배 가까이 되었다.

페네베이커와 샌더스의 연구는 타인의 행동을 바꾸고 싶다면 언어 표현을 절제해야 함을 시사한다. 회유보다는 매력으로 마음을 움직이는 게 더 낫다.

타인의 행동을 바꾸려 한다면 언어 표현을 절제할 필요가 있다. 회유보다는 매력으로 마음을 움직이는 게 더 낫다.

이제 어떻게 하면 선택의 자유에 대한 사람들의 욕구를 여러분에게 유리하도록 바꿀 수 있는지 살펴보자.

이러한 심리를 어떻게 활용할 수 있을까? ─────

때로는 매력을 이용하는 것이 더 효과적이라는 사실을 아는 것만으로는 부족하다. 우리가 진짜 알고 있어야 할 것은 반발심리를 가장 경계해야 하는 상황이다. 심리학자들은 마케팅에서 활용할 수 있는 상황 세 가지를 확인했다.

1. 청중과 힘의 불균형 상태에 있을 때 반발심리를 일으키지 마라

첫 번째 상황은 커뮤니케이터의 권한과 관련이 있다. 페네베이커의 화장실 실험이 이를 검증했다. 그는 낙서 금지령을 권위가 높은 경찰서장의 탓으로 돌리거나 권위가 낮은 대학의 시설 관리인 탓으로 돌렸다.

커뮤니케이터의 지위 변화가 사람들의 반응에 큰 영향을 미쳤다. 시설 관리인보다 경찰서장에게서 지시가 왔을 때 낙서량이 두 배 더 많았다.

따라서 브랜드와 브랜드의 커뮤니케이션을 수신하는 사람들 사이에 힘의 불균형이 있다면 반발심리를 유발하지 않도록 특히 주의해야 한다. 일례로 영국 국세청에서 어떤 형태의 보조금을 즉시 반환하라고 명령하는 메시지가 있다고 하자. 이 경우, 직관에 반할 정도로 언어 표현을 부드럽게 하거나 제3자를 통해 메시지를 전달하는 방안을 고려하는 게 최선일 수 있다.

2. 충성 고객과의 소통에서
과도한 주장을 담은 메시지는 피하라

두 번째로 소개할 맥락 차이는 소비자와 브랜드 사이의 관계와 연관이 있다. 2017년 듀크대학교의 개번 피츠시몬스Gavan Fitzsimons 교수는 실험 참가자 162명에게 의류 브랜드 이름을 말해달라고 요청했다. 어떤 경우에는 사람들이 오랫동안 사용해왔으며 어느 정도 충성도를 느끼는 브랜드를 선택하도록 했다. 다른 경우에는 참가자들에게 짧은 기간에만 사용했고 충성도도 아주 낮은 브랜드를 생각해달라고 요구했다. 그는 첫 번째 집단을 헌신적인 관계를 맺고 있는 집단으로, 두 번째 집단은 브랜드와 중립적인 관계를 맺고 있는 집단으로 정의했다.

그런 다음 피츠시몬스 교수는 참가자들에게 브랜드 이름이 새겨진 광고 두 개 중 하나를 보여주었다. 한 집단은 피츠시몬스 교수가 말한 "2012 윈터 컬렉션"이라는 비주장적 메시지가 담긴 광고를 봤고, 다른 집단은 "지금 구매하세요!"라는 추가적인 요청이 들어간 주장적 메시지가 담긴 광고를 봤다.

마지막으로 그는 참가자들에게 시청한 광고의 호감도를 표시해 달라고 요청했다. 피츠시몬스 교수는 헌신적인 고객들이 주장적 메시지가 담긴 광고를 그렇지 않은 광고에 비해 20% 덜 좋아했다는 사실을 발견했다. 이와 대조적으로 헌신적이지 않은 소비자들 사이에서는 선호도에 큰 차이가 없었다.

피츠시몬스 교수는 "이러한 현상은 선호하는 브랜드와의 관계가 그렇지 않은 브랜드와의 관계보다 규정 준수 규범이 더 강력하게 작동하기 때문에 발생한다."라고 주장했다. 다시 말해, 관계가 깊을수록 주장이 강한 메시지는 우리의 자유를 침해하는 것처럼 느껴진다. 이렇게 규범을 준수해야 한다는 압력이 증가하면 반발심리를 일으킬 가능성이 커진다.

따라서 이와 같은 행동으로는 신규 고객들에게 적극적으로 영업할 수 있을진 모르겠으나, 가장 열정적인 고객들에게는 역효과를 일으킬 가능성이 높은 것이다. 타깃 고객에 따라 의사소통 방식을 조정해야 한다.

: 3. 문화적 요소를 고려하라 :

마지막으로 문화적 맥락의 차이가 있다. 2009년 잘츠부르크대학교의 에바 조나스Eva Jonas 교수는 문화적 차이에 따른 반발심리를 연구했다. 그녀의 연구에 따르면 개인주의가 강한 문화권의 사람들이 집단주의가 강한 사회의 사람들보다 자유가 위협받는 상황에서 22% 더 많이 반발심을 느낀다고 보고했다. 이는 여러분이 미국이나 영국에서 캠페인을 벌이고 있다면 중국이나 한국 사람들을 대상으로 할 때보다 훨씬 더 주의를 기울여야 한다는 뜻이다.*

다음 섹션은 넘어가도 괜찮다 ————————

지금까지 언제 반발심리를 경계해야 하는지에 대해 논의했다. 이

---

* 네덜란드의 마스트리히트대학교의 헤이르트 호프스테더Geeert Hofstede 교수는 거의 모든 국가를 집단주의와 개인주의의 스펙트럼 사이에 놓고 분류했다. 국가별 문화적 지향성은 다음 사이트에서 확인할 수 있다. www.hofstede-insights.com/product/compare-countries.

제 다음 질문은 어떻게 해야 이 반발심리 위험을 최소화할 수 있는 가이다. 나는 세 가지 제안을 다루려 한다.

⋮ 4. '하지만 당신의 자유입니다' 원칙을 활용하라 ⋮

프랑스의 서던브리타니대학교의 니콜라스 구겐Nicolas Guéguen과 보르도대학교의 알렉상드르 파스칼Alexandre Pascual 교수가 2000년 에 실시한 연구부터 살펴보자.

구겐 교수는 처음 보는 사람 80명에게 접근해 버스비를 부탁했다. 그는 두 가지 방법 중 하나로 사람들에게 요청했는데, "죄송합니다 만, 버스비로 낼 동전을 좀 빌릴 수 있을까요?"라고 말하거나 내용 을 수정해 "죄송합니다만, 버스비로 낼 동전을 좀 빌릴 수 있을까요? 하지만 당신에겐 제 부탁을 들어주거나 거절할 자유가 있습니다."

대놓고 돈을 빌려달라는 부탁을 받았을 때 실험 참가자들이 그 부탁을 들어준 확률은 10%였다. 하지만 연구자가 참가자의 거절할 권리를 강조하자 부탁을 들어준 확률이 48%까지 뛰었다.

왜 이렇게 차이가 났는지 변화의 폭에 대해 잠시 생각해 보자. 돈을 빌려준 확률이 5배 가까이 증가했다. 행동과학 연구는 대개 10% 혹은 15% 정도의 개선된 결과를 이끌어낸다. 따라서 이는 매 우 효과적인 개입이라 할 수 있다.

게다가 돈을 빌려준 사람들의 비율 증가 이상으로 효과가 확장되었다. 금액 역시 덩달아 상승한 것이다. '하지만 당신의 자유입니다' 원칙이 적용된 피험자들은 평균 1.04달러를 건넸는데, 이는 통제집단이 건넨 48센트의 두 배 이상이다. 당연히 언제든 존재하는 것이지만, 단순히 사람들에게 거부할 권리가 있다는 사실에 주목을 집중시킴으로써 구겐 교수는 응답률에 큰 변화를 만들어냈다.

이 실험은 일회성으로 끝나지 않았다. 2013년 웨스턴일리노이대학의 크리스토퍼 카펜터Christopher Carpenter 교수는 이 전략과 관련된 42개 연구에 대해 메타분석을 실시해 이 전략이 다양한 환경에서 응답률 상승에 기여했음을 발견했다. 따라서 여러분이 자선단체 캠페인을 진행하든 상업 광고를 하든 이 원칙을 적용하는 것을 고려해봐야 한다. 반발심을 불러일으킬 수 있는 요청을 한 후에 다음 핵심 문구를 추가하면 된다. "하지만 당신은 받아들이거나 거부할 자유가 있습니다." 사람들에게 거절할 수 있는 자유가 있음을 상기시키면 반발심을 피할 수 있다.

⋮ 5. 사람들을 의사결정에 참여시켜라 ⋮

또 다른 시각으로는 사람들에게 일정한 통제력을 제공하는 것이다. 중요한 건 이 통제가 꼭 의미 있을 필요는 없다. 겉으로 그럴듯하게 보이는 요소라도 도움이 될 수 있다.

이에 대한 증거는 피츠버그대학교의 케이트 램버튼Cait Lamberton,

UCL의 얀-엠마뉴엘 드 너버Jan-Emanuel De Neve, 하버드대학교의 마이클 노턴 교수의 2014년 연구에서 찾을 수 있다. 세 학자는 학생 182명에게 사진 12장을 보여주고, 이에 대한 호감도를 9점 척도로 평가하도록 했다.

연구진은 참가자들에게 사례비로 10달러를 지불할 예정이나 실험실 세금으로 사례비 중 3달러를 돌려주어야 한다고 말했다. 참가자들은 과제를 끝내면 세금을 봉투에 넣어 연구자에게 건네도록 안내받았다.

세금을 걷는 방법이 복잡한 이유는 참가자들이 쉽게 부정행위를 저지르거나 세금 중 일부를 내지 않을 수 있게 하려는 목적 때문이었다. 그리고 생각보다 많은 사람이 그렇게 행동했다! 실제로 참가자들이 남긴 봉투의 45%가 비어 있었고 3%는 세금의 일부 금액만 들어 있었다.

그런데 연구진은 이 실험을 살짝 비틀어서 반복했다. 두 번째 그룹의 참가자들은 실험실 관리자에게 세금의 용도를 건의할 수 있다는 말을 들었다. 예를 들어, 참가자들은 그 기금이 미래의 피험자들을 위한 간식비로 사용되어야 한다고 제안할 수 있었다. 이 그룹의 제안은 권고 사항에 불과했지만, 규범 준수율에는 상당한 영향을 미쳤다. 68%가 봉투에 세금 전액을 남긴 것이다. 이는 통제집단에 비해 30% 증가한 수치다.

사람들에게 발언권을 주는 방식을 통해 그들의 규칙 준수 의지를 높일 수 있었다.

⋮ 6. 변화의 가능성을 제거하라 ⋮

반발심리를 피하기 위한 우리의 마지막 전략은 바로 여러분, 즉 마케터에게 초점이 맞춰져 있다. 행동의 변화가 필수적이라면 여러분은 접근 방식을 확실히 해야 한다.

이 주장은 워털루대학교의 크리스틴 로린Kristin Laurin과 애런 케이Aaron Kay, 듀크대학교의 개번 피츠시몬스 교수의 연구로 뒷받침된다. 2012년 연구진은 참가자들에게 전문가들이 도시의 속도 제한을 낮추는 것이 안전성을 향상시킨다는 결론을 내렸다고 말했다. 그런데 연구진은 참가자들을 세 집단으로 나눈 다음 각 집단에게 약간 다른 이야기를 들려주었다.

통제집단인 첫 번째 그룹에는 추가 정보를 주지 않았다. 두 번째 그룹에는 정부가 확실하게 속도 제한을 줄이기로 했다는 이야기를 들려주었다. 마지막으로 세 번째 그룹은 관료의 과반수가 찬성표를 던지면 입법이 시행될 것이라는 말을 들었다. 결정적으로 이 시나리오에서 연구진은 입법 결과가 뒤집힐 가능성을 남겨두었다.

이후 참가자들은 그들이 해당 법안을 얼마나 지지하며 이 법으로 얼마나 짜증이 날 것인지에 관한 질문을 받았다. 로린 교수는 입법이 확실히 이루어질 것이라고 전달받은 참가자들이 모호한 시나리오의 그룹보다 법안에 훨씬 더 긍정적이라는 것을 발견했다. 확실성 덕분에 참가자들은 법이 바뀌는 상황을 합리화할 수 있었던 것으로 보인다.

이 장에서 우리는 사람들이 어떤 식으로 통제력을 느끼고 싶어 하는지 논의했다. 다음 장에서는 관례를 깨고 자유를 주장하는 사람들이 어떻게 이익을 얻는지 살짝 다른 각도에서 이야기할 것이다.

13장

빨간 운동화 효과

이사회 회의가 한 시간이나 질질 늘어지고 있다.

지루한 회의가 대개 그렇듯 재택근무 관련 회사 정책에 대한

성가신 논의로 시작되었다. 사장인 윌은 유연성을 요구하는 한편

COO인 존은 전원이 풀타임 출근으로 복귀해야 한다고 주장한다.

두 사람의 주장 모두 일리가 있어 보인다.

하지만 균형을 유지하기 위해 당신은 사장의 편을 든다.

의장이 토론을 종료하고 안건을 투표에 부친다.

그녀는 테이블을 돌며 사람들에게 어떤 선택을 선호하는지 묻는다.

동료들이 한 명씩 COO에게 지지를 표명한다.

이제 곧 당신 차례다. 당신은 동료들이 옳을지도 모른다는

생각이 들기 시작한다. 어쩌면 모두 풀타임으로 사무실에

복귀하는 방안이 사기를 북돋우는 데 가장 좋은 방법일 것이다.

동조에 대한 압박은 여러분만 느끼는 게 아니다. 이는 미국의 심리학자 솔로몬 애쉬Solomon Asch가 제2차 세계대전이 끝난 직후 실시한 심리학 역사상 가장 유명한 실험을 통해 입증된 경향이다.

애쉬는 미국 스워스모어칼리지의 교수로 부임했을 당시 실험 참가자들에게 가상의 시력 테스트에 참여하도록 요청했다. 그리고 피험자들에게 선이 그려진 카드 한 장을 보여주었다. 그런 다음 길이가 다른 3개의 선 중에서 같은 길이의 선을 선택하도록 했다.

간단한 과제였다. 애쉬 교수의 말에 따르면, '사실에 관한 명확하고 단순한 문제'였다. 너무 단순해서 사람들이 혼자서 과제를 했을 때 99% 이상 정확하게 답했다.

그런데 주요 실험에서 참가자들은 혼자가 아니라 7명 혹은 9명의 집단으로 나뉘어서 과제를 완료했다. 참가자들은 집단 내 사람들이 자신과 같은 피험자들이라고 생각했지만, 실은 어떻게 대답해야 하는지 지시받은 애쉬 교수의 동료 연구자들이었다. 각 참가자는 총 18번 시험에 참여했고, 동료 연구자들은 12번의 시험에서 계속 같은 오답을 말했다.

애쉬 교수는 실제 참가자의 반응에 관심이 있었다. 그들은 집단의 의견에 맞추려고 자신의 대답을 바꿀 것인가?

결과는 놀라울 정도의 동조 반응을 보여주었다. 참가자의 3/4이

오답을 이야기함으로써 적어도 한 번은 동조했다. 전체적으로는 1/3이 틀린 대답을 했다.

이처럼 많은 이들이 보이는 동조 경향성에서 여러분이 찾을 수 있는 이점이 무엇인지 살펴보자.

이러한 심리를 어떻게 활용할 수 있을까? ─────

⋮ 1. 관습을 깨트리는 건 곧 지위를 나타낸다 ⋮

행동을 모방하려는 경향은 많은 연구에서 증명되었다. 이러한 성향은 부정적 제재의 가능성을 피하고 수용되려는 욕구에서 비롯되는 것으로 보인다.

이는 브랜드가 다수의 선택을 받았다는 메시지를 전달함으로써 이익을 얻을 수 있음을 시사한다. 많은 상황에서 이것이 사실로 드러났으며 전작 『어떻게 팔지 답답할 때 읽는 마케팅 책』에서 자세히 다룬 주제이기도 하다.

하지만 집단 규범을 무시하는 게 커뮤니케이터에게 이익이 되는 경우도 있다. 이는 규범을 어기면 사회적으로 거부감을 유발할 위험이 있다는 사실에서 비롯된다. 그렇다면 관습에서 벗어날 가능성이 가장 큰 사람은 지위가 높은 이들이다. 그들은 사회적 비용을 감당할 수 있을 만큼 충분한 평판 자본reputational capital이 있다.

이 주제는 하버드경영대학원의 프란체스카 지노Francesca Gino 교수가 탐구해온 영역이다. 2011년 그녀는 소비자연구협회Association for Consumer Research 학회에서 현장 연구를 수행했다. 다른 학회와 마찬가지로 이곳 역시 사람들이 똑똑해 보이는 옷을 입기를 기대하는 관습이 있었다.

지노 교수는 참석자 개개인이 얼마나 형식을 갖춰 옷을 입었는지와 학계에서의 지위를 측정하기 위해 그들이 발표한 상호 심사 논문의 개수를 기록했다.

지노 교수는 똑똑해 보이는 복장과 그들이 발표한 논문의 개수 사이에 부적 상관관계가 있음을 발견했다. 가장 성공한 학자들은 실제로 관습을 깰 가능성이 가장 높은 학자들이었던 것이다.

이 연구가 지위가 높은 사람들이 관습을 깰 확률이 크다는 사실을 나타내긴 하나 다른 사람들이 그 행동을 어떻게 해석하는지는 밝히고 있지 않다. 이 격차는 실비아 벨레차Silvia Bellezza, 프란체스코 지노, 아나트 카이난Anat Keinan 교수가 후속 연구를 수행하도록 이끌었다. 세 학자는 설문 응답자 159명에게 교수들에 대한 짧은 설명을 바탕으로 그들의 지위와 능력을 평가해달라고 요청했다.

참가자들은 관습을 따르는 교수("마이크는 보통 넥타이를 매고 깨끗이 면도를 한다.")와 그렇지 않은 교수("마이크는 보통 티셔츠를 입고 수염을 기른다.")에 관한 이야기를 들었다.

그런 다음 참가자들에게 교수의 능력과 그들이 얼마나 존경받는지 7점 척도로 평가하도록 했다. 응답자들은 관습을 따르지 않는 교수를 5.35점으로 평가한 반면 학계의 관습을 따르는 교수는 딱 5.00점으로 평가했다. 지노 교수의 말에 따르면,

> 비동조성은 보통 사회적 비용을 치르는 일이다. 그래서 관찰자들은 비동조성을 보이는 개인이라면 남들과 비슷해지지 않아도 사회 위계질서에서 자신의 위치를 잃는 것에 대한 두려움 없이 사회적 비용의 위험을 감수할 수 있는 강력한 위치에 있다고 추론할 수 있다.

지노 교수는 이 아이디어를 '빨간 운동화 효과red sneakers effect'라고 명명했다. 이 이름은 연구 당시 유명한 테크 기업가들 대다수가 비즈니스 드레스 코드를 무시하고 있었다는 사실에서 비롯되었다. 정장과 넥타이를 갖추고 중요한 미팅에 참석하는 대신 그들은 스웨트셔츠와 운동화를 선택했고, 때로는 빨간 운동화를 신기도 했다.

⋮ 2. 광고에 적용하기 ⋮

하지만 이 연구 결과가 어떻게 업계와 관련이 있을까? 지노 교수의 실험은 흥미롭긴 하나 드레스 코드나 면도처럼 그녀가 묘사한 상황들은 광고계와 거리가 멀다. 우리가 브랜드에 유의미한 지점을

연구들에서 추론해낼 수 있을까?

나는 이 수수께끼를 염두에 둔 채 2020년 덩컨 윌렛Duncan Willett, 섬란 카울Sumran Kaul과 함께 '빨간 운동화 효과'의 영향력을 상업적인 환경에서 실험해보았다. 우리는 참가자 그룹에 눈길을 사로잡는 모호한 디자인의 수제 맥주 4병을 보여주었다. 3개는 라벨이 대체로 같은 스타일로 디자인되었지만, 나머지 한 병은 현저하게 다른 스타일이었다. 이후 참가자들은 맥주의 품질을 평가해야 했다.

실험이 진행되는 동안 다른 여러 참가자 집단에도 4개의 맥주병을 보여주었다. 우리는 첫 번째 실험에서 사용한 독특한 스타일의 병과 평범한 병 이렇게 2개를 보여주었다. 그리고 나머지 맥주 2개는 둘 다 앞선 실험에서 독특한 스타일의 라벨과 같은 것이었다.

이 실험 설계를 통해 우리는 병 디자인이 관습에 순응하거나 관습을 깨뜨리는 상황에서 동일한 병 디자인의 평가가 어떻게 달라지는지 비교할 수 있었다.

빨간 운동화 효과가 시사하듯, 병 디자인은 기존 관습을 깨뜨렸을 때 더 높은 평가를 받았다. 다만 5% 정도 향상한 것에 그쳐, 지노 교수의 발견보다 효과가 미미했다. 깨어진 관습이 사회적으로 광범위하게 영향을 미치는 것이 아닌 다른 맥주병에 영향을 미칠 뿐인 사소한 것이었기 때문이다. 관습의 영향력이 클수록 개선의 효과도 커진다고 볼 수 있다.

3. 빨간 운동화 효과의 맥락에 주의하라

여러분이 속한 업계의 관습을 깨트리려 서두르기 전에 이 심리 편향의 몇 가지 맥락을 되돌아볼 가치가 있다. 빨간 운동화 효과는 몇몇 기준을 충족해야만 긍정적 영향을 미친다.

우선 브랜드가 이미 어느 정도의 위상은 확보하고 있어야 한다. 이는 면도를 하지 않은 교수를 대상으로 한 실험에서 나타났다. 연구진은 해당 교수가 명문대에 재직 중이라고 말할 때도 있었고 명문대가 아니라고 말할 때도 있었다.

비동조성 효과의 혜택은 명문대에 재직 중인 교수들에게만 적용되었다. 순위가 낮은 대학에 재직 중인 비동조적 교수는 같은 대학의 동조적인 교수보다 8% 정도 덜 유능하다고 평가되었다.

비동조적 행동은 인지된 역량과 지위를 향상시킨다. 단, 당사자가 이미 높은 지위에 있다고 간주하는 경우에만 그렇다. 이 심리 편향은 기존의 지위를 깎아내리기보다 더욱 강조한다.

여러분의 브랜드가 빨간 운동화 효과를 활용하는 데 필요한 위상을 갖고 있는지 솔직하게 자문해볼 필요가 있다. 물론 말이 쉽지 실제로 그렇게 하기란 어렵다. 사람들은 자기 능력을 과대평가하는 경향이 있기 때문이다. 마케터라고 예외는 아니다.*

---

* 능력의 과신에 관련해 내가 가장 좋아하는 예는 사우샘프턴대학교의 콘스탄틴 세디키데

더마케팅프랙티스 에이전시와 함께 나는 마케터 213명을 대상으로 설문조사를 실시했다. 결과는 명확했다. 응답자의 84%가 동료들보다 일을 더 잘한다고 생각했고 45%가 스스로를 '훨씬 더 잘한다'고 평가했다.

이러한 스스로를 과신하는 경향은 자신이 근무하는 회사로까지 확대되었다. 응답자의 79%가 본인이 다니는 회사가 경쟁사보다 낫다고 생각했다. 게다가 새로운 사업을 두고 경쟁사 두 곳과 대치하고 있는 상황을 상상해보라고 했을 때 응답자의 75%가 혼자 할 때보다 성공할 가능성이 더 높다고 생각했다.

따라서 여러분의 브랜드가 빨간 운동화 효과를 적용할 수 있는 지위를 갖고 있지 않다고 생각된다면 여러분의 생각이 맞을 것이다. 만약 여러분의 브랜드가 그만한 지위를 갖고 있다고 생각한다면, 다른 사람의 의견을 들어볼 필요가 있을 것이다!

> 여러분의 브랜드가 빨간 운동화 효과를 적용할 수 있는 지위가 아니라고 생각된다면 여러분의 생각이 맞을 것이다.

스(Constantine Sedikides) 교수가 수행한 연구에서 찾을 수 있다. 2014년 그는 영국 남동부의 한 교도소에서 범죄자들을 대상으로 연구를 진행했다. 심지어 이 범죄자 집단조차 스스로를 일반적인 사회 구성원들보다 더 도덕적이고 타인에게 더 친절하며, 자기 통제력이 뛰어나고 믿음직스러우며 더 정직하다고 평가했다.

4. 의도를 보여줄 필요성

두 번째 고려 사항은 규범 위반이 어떤 의도가 있다고 여겨지는지 확인해야 한다는 것이다.

이 인사이트는 지노 교수가 참가자 141명에게 골프 클럽의 공식 블랙 타이 파티(정장을 입어야 하는 파티 – 옮긴이)에 참석한 한 남자에 관한 짤막한 글을 읽어 달라고 한 연구에서 찾을 수 있다.

남자는 드레스 코드에 맞는 검은 나비 넥타이를 매거나, 맞지 않는 빨간 나비 넥타이를 맨 것으로 묘사되었다. 이에 더해 참가자들은 그가 일부러 관습을 깨트린 것인지 아니면 실수로 그랬는지도 전달받았다.

그다음 참가자들은 골프 클럽의 회원으로서 남자의 지위와 선수로서의 성과를 추측했다. 비동조적 행동이 의도적이었을 때 그의 지위는 검은 넥타이를 맸을 때보다 17% 증가한 반면, 규범을 벗어난 행동이 실수였을 땐 지위는 5% 감소했다.

빨간 운동화 효과를 활용하려 한다면 자신감 있게 해야 한다. 소비자들이 그 행동이 의도적이었다는 것을 알아야 한다. 이를 위한 한 가지 방법은 프리미엄 가격 정책이다. 학계에 따르면,

관행에서 벗어난 제품을 마케팅할 때 가격은 그 의도를 인지하는 귀중한 동력이 될 수 있다. 관행에서 벗어난 동시에 프리미엄 가격 정책

을 시행하는 브랜드는 동조적이지 않은 개인이라면 관습적 지위를 상
징하는 제품을 살 여유가 있음을 나타낸다.

⋮ 5. 고객 친밀도의 필요성 ⋮

빨간 운동화 효과를 매개하는 세 번째 조건은 소비자들이 규범
이 깨지는 상황에 익숙하다는 것이다.

이 인사이트는 앞서 이야기한 심리학자들이 밀라노에서 완료한
연구에서 찾을 수 있다. 그들은 여성 참가자 109명을 모집했는데,
그중 52명은 아르마니Armani 혹은 버버리Burberry와 같은 럭셔리 부
티크에서 일하고 있었다. 나머지 여성들은 근처 기차역에서 모집한
평범한 여성들이었다.

참가자들은 쇼핑객을 묘사한 짤막한 글을 읽도록 요청받았다. 일
부 참가자는 복장 규정을 준수하는 인물에 관한 이야기를 들었다.

한 여성이 겨울에 밀라노 시내에 있는 럭셔리 부티크에 들어가는 상
상을 해보세요. 여성은 대략 35세로 보입니다. 그녀는 원피스에 모피
코트를 입고 있습니다.

다른 사람들은 운동복에 재킷과 같이 매우 캐주얼한 복장의 비
동조적인 여성에 관한 이야기를 들었다.

럭셔리 부티크 환경에 익숙한 점원들은 비동조적 여성의 지위를 더 높게 평가했다. 7점 척도에서 그들은 동조적인 여성에게 3.8점을 준 것과 비교해 비동조적 여성은 4.9점으로 평가했다. 비동조적인 쇼핑객의 지위 평가가 29% 더 높은 것이다. 대조적으로 대개 이러한 맥락에 익숙하지 않은 일반 여성들은 복장 규정을 준수한 쇼핑객에게 5.7점을 주면서 3.5점을 준 비동조적인 사람보다 더 지위가 높다고 평가했다.

이 연구는 빨간 운동화 효과가 여러분의 브랜드 혹은 업계에 아주 익숙한 사람들에게 가장 크게 발휘된다는 점을 시사한다.

빨간 운동화 효과는 개인적으로 가장 흥미롭다고 생각하는 심리 편향이지만, 그렇다고 해서 여러분이 캠페인을 진행할 때마다 이 전략을 사용해야 한다는 뜻은 아니다. 지노 교수가 설명했듯이, 이 전략은 특정 상황에서만 효과가 있다. 일례로 여러분의 브랜드가 어느 정도 업계에서 지위를 확보했을 때처럼 말이다.

하지만 적절한 상황에서 빨간 운동화 효과를 활용한다면 여러분의 브랜드는 더 고급 브랜드로 인식될 가능성이 커질 것이다. 흥미롭게도 이 같은 향상은 지위 인식을 넘어 다른 영역으로까지 그 영향력이 퍼지는 경향이 있다. 이 현상은 후광 효과로 알려져 있는데, 다음 장에서 다룰 주제이다.

14장

후광 효과

THE ILLUSION OF CHOICE

멀리 있는 표지판에 적힌 흐릿한 글씨를

가는 눈을 뜨고 읽은 게 이번 주 들어 벌써 두 번이다.

그런 자신을 깨닫고 오후에 시력 검사를 예약했다.

아쉽게도 평소 방문하는 안경원이 근처에 없어서

대신할 수 있는 다른 곳으로 가야 했다.

검사를 위해 도착하자 접수처에 짧은 줄이 있다.

몇 분 후 검안사가 손을 내밀며 당신을 향해 뛰어온다.

악수는 흐느적거렸으며 손도 축축했다.

불쾌한 생각들이 머릿속을 헤집는다.

새로운 안경원으로 온 게 결국 실수였나?

내가 가던 곳만큼 철저하게 할까?

• • •

한 가지 특성으로 낯선 사람의 전체 성격을 결론지으려 하는 건 여러분만이 아니다. 1920년 컬럼비아대학교의 심리학자 에드워드 손다이크Edward Thorndike는 이렇게 판단하는 게 일반적인 방식임을 보여주었다. 그는 군 장교들에게 신입 장병들을 체격부터 진취성, 충성도에서 깔끔함까지 포함하는 31가지 특성에 근거해 평가해달라고 했다.

손다이크는 서로 관련 없는 특성에서조차 점수에 매우 강한 상관관계가 있다는 것을 발견했다. 예를 들어, 외모와 같은 하나의 지표에서 병사에게 높은 점수를 준 상급자들은 리더십과 같은 다른 영역에서도 평균 이상으로 평가하곤 했다. 손다이크는 하나의 긍정적 특성이 다른 영역에도 영향을 미치는 경향성을 '후광 효과halo effect'*라고 불렀다.

실험적 증거

후광 효과를 뒷받침하는 증거는 이 수상한 상관관계 너머로 함의를 확장한다. 1977년 미시간대학교의 리처드 니스벳Richard Nisbett

---

* 후광 효과는 일반적으로 하나의 긍정적 특성이 다른 관련 없는 특성에 대한 사람들의 평가에 어떤 영향을 미치는지 설명하는 데 사용된다. 상황은 같지만 부정적 특성에 대한 아이디어인 뿔 효과(horns effect)가도 있다. 물론 이 경우에는 다른 관련 없는 특성들이 더 나쁘게 평가된다. 이 현상은 1974년 해럴드 시고브Harold Sigove와 데이비드 랜디 David Landy의 연구에서 최초로 다루고 있다.

과 버지니아대학교의 티머시 윌슨 교수는 훨씬 통제된 방식으로 후광 효과를 실험했다.

두 학자는 학생 118명에게 벨기에 출신의 강사가 특유의 억양이 뚜렷한 영어로 강의하는 비디오를 보게 했다. 학생들은 두 집단으로 나뉘었다. 절반은 따뜻하고 친근하게 행동하는 강사의 모습이 담긴 비디오를 보았다. 나머지 절반은 같은 강사가 차갑고 냉담하게 행동하는 모습을 보았다. 강사의 독특한 버릇이나 억양은 두 환경에서 모두 그대로였다.

이후 참가자들은 호감도, 외모, 독특한 버릇, 억양의 항목에서 해당 강사를 평가했다. 여러분의 예상대로 따뜻한 모습의 강사가 냉담한 모습의 강사보다 호감도가 72% 더 높게 평가되었다.

그런데 강사는 외모(거의 100%)와 억양(거의 100%), 독특한 버릇(거의 53%)의 항목에서도 훨씬 더 높은 점수를 받았다. 이 결과가 더 흥미로운 이유는 어찌 됐든 객관적으로 어떤 사람에 대한 호감도가 그 사람의 외모나 억양을 평가하는 데 영향을 미치지 않아야 하기 때문이다.

하지만 손다이크 교수가 이미 예측한 결과와 마찬가지로 그런 일은 일어나지 않았다.

후광 효과는 군인 또는 학생들에게만 영향을 미치지 않는다. 이 현상은 상업 환경에서도 발생한다. 조애나 스탠리와 나는 영국인 404명에게 가상의 채소 가게 이야기를 들려주고 참가자들에게 그

가게가 들여놓은 채소의 종류가 얼마나 될지 추측해보라고 했다. 이 실험의 반전은 참가자 절반에게 가게 간판에 아포스트로피(')가 잘못 표기되어 있다는 언질을 준 것이었다. 나머지 절반은 이 같은 문법적 오류가 없다는 말을 들었다.

결과는 명확했다. 오탈자에 관한 이야기를 들은 집단은 그렇지 않은 집단보다 가게가 취급하는 물품이 빈약하다고 추측할 확률이 17% 더 높았다.

객관적인 시각으로 보면 채소 가게 주인의 문법 능력은 가게가 취급하는 상품이 다양성과 무관하다. 하지만 실제 사람들은 그렇게 반응하지 않는다. 응답자들은 엉성한 간판 같이 발견하기 쉬운 유형 요소를 활용해 관련이 없는 데다 확인하기도 어려운 가게의 제품군이란 요소를 예측했다.

소비자들은 발견하기 쉬운 유형 요소를 활용해 관련도 없고, 확인하기도 요소를 예측한다.

후광 효과는 왜 일어나는가? —————

후광 효과가 이렇게 자주 발생하는 게 놀랄 일은 아니다. 어찌 됐든 후광 효과는 가치 있는 결정을 내리는 데 도움이 된다. 삶을 통제할 수 있게 해주는 것이다.

우리가 일상에서 마주치는 모든 브랜드를 여러 기준으로 평가하려면 복잡할뿐더러 시간도 많이 걸릴 것이다. 가장 눈에 띄는 특징으로 보이지 않는 다른 부분을 대신하는 것이 훨씬 빠르다.

대니얼 카너먼의 말처럼, "후광 효과는 직관을 사용하는 휴리스틱의 본질이다. 우리는 어려운 질문에 맞닥뜨리면 대신 더 쉬운 질문에 답하려 하는데, 이러한 대체 행동을 알아차리지 못하는 경우가 대부분이다."

이러한 심리를 어떻게 활용할 수 있을까? —————

⋮ 1. 간접적인 방법으로도 목표를 달성할 수 있다 ⋮

후광 효과는 브랜드의 목표를 간접적으로 달성할 수 있음을 시사한다. 한 분야에서 두드러진 성공은 관련 없는 다른 속성에 대한 사람들의 인식에 영향을 미치기 때문에 타깃 지표가 간접적으로 다뤄질 수 있다는 의미이다. 예를 들어 여러분은 호감도와 같은 다른 지표를 강화하는 방식으로 품질 인식이라는 타깃 지표에 영향을 줄 수 있다.

하지만 여러분이 무언가를 할 수 있다고 해서 반드시 해야 한다는 뜻은 아니다. 어찌 됐든 후광 효과는 많은 지표가 서로 관련 있다는 점을 나타내긴 하지만, 이들이 동일한 크기로 움직인다는 것을 보여주지는 않는다. 게다가 지표가 완벽한 상관을 보이지 않으면 간접적인 접근이 비효율적일 수 있다. 앞서 든 예시를 가져오면, 여러분이 호감도라는 지표를 크게 향상시키더라도 품질 인식에서 변화가 미미할 수 있다.

따라서 이어지는 질문은 이것이다. 언제 이 전략을 사용하는 것이 바람직할까? 언제 간접적인 접근법을 선택하는 것이 합리적일까?

2. 브랜드 인지도가 낮다면 후광 효과에 집중하라

컬럼비아대학교의 바버라 콜투브Barbara Koltuv 교수는 후광 효과를 효과적으로 적용할 수 있는 한 가지 경우를 발견했다. 그녀는 브랜드의 인지도가 상대적으로 낮을 때 후광 효과가 특히 강력하다는 것을 보여주었다.

1962년 콜투브 교수는 사람들에게 '당신이 알고 있고 좋아하는 젊은 남자' 또는 '당신이 잘 모르고 싫어하는 늙은 남자'와 같이 인물을 짧게 묘사하는 일련의 문장을 읽게 했다.

그다음 참가자들에게 해당 묘사와 일치하는 지인을 떠올려 보라고 했다. 마지막으로 피험자들은 자신의 진짜 지인을 느긋한, 적대적인, 성실한, 질투심이 많은 등 47가지 성격 특성에 근거해 평가했다.

참가자들은 친숙한 사람을 이야기할 때보다 낯선 사람을 설명할 때 성격 특성 사이의 상관도가 더 컸다. 다시 말해 후광 효과가 훨씬 강력했다.

이는 후광 효과가 불확실한 상황에서 특히 우세함을 시사한다. 우리가 어떤 사람 혹은 브랜드와 최소한으로 접촉했다면 그 사람 혹은 브랜드의 모든 특성을 독립적으로 추론할 기회가 적었을 것이다. 따라서 후광 효과는 새로운 브랜드를 론칭하거나 인지도가 제한적인 브랜드를 다룰 때 가장 강력하다.

3. 무형의 특성을 전달해야 할 때 후광 효과를 우선으로 활용하라

두 번째로 후광 효과가 의미 있는 더 중요한 상황은 무형의 지표를 향상시킬 때다. 예를 들어 치석 방지 효과를 주장하며 치약을 홍보하는 한 브랜드를 상상해보자. 이 상황에서 소비자는 주장의 신빙성을 평가하기 어렵다. 해당 브랜드가 효과를 과장하고 있는지 진실을 말하고 있는지 고객이 어떻게 알 수 있을까? 이러한 어려움은 소비자가 보다 더 구체적인 데이터 요소에 과도하게 영향받는다는 것을 의미한다.

이는 추측성 이야기가 아니다. 1978년 앨라배마대학교의 윌리엄 제임스William James 교수는 후광 효과의 강도에 모호성이 미치는 영향을 조사했다. 그는 실험 참가자에게 9가지 특성에 기초해 17개 도시를 평가해달라고 했다. 일부 특성은 인구나 연간 강설량과 같이 명확했지만, 다른 특성은 여름의 쾌적함이나 문화 활동의 질과 같이 모호했다.

다음으로 제임스 교수는 특성 간 상관관계 정도를 측정했다. 그 결과 상관계수 0.34 대 0.15로 모호한 요소들이 명확한 요소들보다 훨씬 더 밀접하게 연관되어 있음이 드러났다.

스위스 국제경영개발대학원IMD의 교수이자 『헤일로 이펙트The Halo Effect』의 저자 필 로젠츠바이크Phil Rosenzweig는 다음과 같은 주장을 했다.

우리는 유의미하고 눈에 보이며 객관적으로 여겨지는 정보를 파악한 후 모호하거나 분명하지 않은 다른 특성을 분석하는 경향이 있다.

따라서 다음 질문을 스스로에게 던져보자. 여러분은 모호하고 분명하지 않은 브랜드 특성을 바꾸려 하고 있는가? 그렇다면 간접적인 접근이 최선이다.

하지만 이와 같은 권고는 다른 질문을 낳는다. 즉, 어떤 유형 지표에 초점을 맞춰야 하는가이다. 언제 후광 효과를 끌어들일지 아는 것은 중요하나 우리는 그것을 어떻게 사용해야 하는지도 이해할 필요가 있다. 여러분이 강조하는 목표를 직접적으로 다루기를 꺼린다면 브랜드 성격의 어떤 측면을 강화해야 할까?

우리는 유형의 특성이 핵심 요소라는 사실을 알고 있다. 즉, 소비자가 쉽게 파악할 수 있는 특성이어야 한다.

사람들이 빠르고 쉽게 판단할 수 있다고 여기는 두 가지 특성이 있다. 바로 호감도와 매력이다. 두 가지 특성 모두 후광 효과를 일으킬 수 있다는 사실이 검증되었다.

⋮ 4. 브랜드의 매력을 강조해 후광 효과를 활용하라 ⋮

매력부터 살펴보자. 아름다움이 다른 특성까지 보여준다는 생각은 오래전부터 있었다. 1820년까지 거슬러 올라가면, 영국의 시인 존 키츠John Keats는 〈그리스 항아리에 부치는 노래Ode on a Grecian Urn〉라는 유명한 시를 다음 구절로 끝마쳤다.

아름다움이 진실이요, 진실이 곧 아름다움이다.
이것이 인간 세상에서 우리가 알고 있는 전부요, 알아야 할 전부다.

키츠는 시대를 앞서갔다. 현대의 심리학 실험에서 매력은 사람들이 빠르게 판단하는 유형의 특성이라는 것이 밝혀졌다. 또한 후광 효과를 활용하는 것으로 나타난 특징이기도 하다.

1972년 미네소타대학교의 캐런 디온Karen Dion 교수는 실험 참가자 60명에게 얼굴 사진 3개를 보여주고 그들의 성격과 인생의 성공 여부를 판단해달라고 했다. 그녀는 다음과 같은 질문을 던졌다. "사람들이 흥미로워 보이나요?" "그들의 표정이 진실해 보이나요?" "그들은 얼마나 행복할까요?"

디온 교수는 신중하게 사진들을 선별했다. 이전에 실시한 연구에서 사진 속 사람들의 외모를 평가한 적이 있었다. 하나는 매력적으로, 다른 하나는 평균, 나머지 하나는 매력적이지 않다고 여겨졌다.

사진 속 사람들의 매력도는 성격이 어떠한지를 평가하는 데 영향을 미쳤다. 전체적으로 매력적인 사람들은 매력적이지 않은 사람들에 비해 인생에서 더 큰 성공을 누릴 뿐 아니라 16% 더 유리한 성격 특성을 지니고 있다고 판단되었다.

매력의 후광 효과는 현실 세계에서도 함의를 갖는 것으로 보인다. 1974년 토론토대학교의 마이클 에프란Michael Efran과 E. W. J. 패터슨E.W.J. Patterson 교수는 캐나다 연방 선거 결과를 연구했다. 그들은 외모가 뛰어난 후보들이 그렇지 못한 후보들보다 2.5배 이상 많은 표를 받았다는 사실을 발견했다.

물론 정치인의 외모와 마케팅 문제는 거리가 멀다고 생각할 수 있다. 하지만 사람들이 외모에서 다른 긍정적인 특성을 추론한다는 법칙은 마케팅 업계에 밀접하게 적용되는 것으로 나타났다.

1995년에 일본 히타치디자인연구소Hitachi Design Centre의 구로스 마사아키Masaaki Kurosu와 가시무라 가오리Kaori Kashimura 연구원은 252명의 참가자에게 ATM의 사용자 인터페이스 레이아웃 26개를 평가해달라고 요청했다. 참가자들은 각 인터페이스가 구현된 모습, 기대하는 사용 편의성, 이후 실질적 사용 편의성 이렇게 3가지 영역을 평가했다.

연구원들은 인터페이스가 매력적일수록 참가자들이 사용 편의성을 기대할 확률이 높다는 것을 발견했다. 하지만 인터페이스가 구현된 모습과 실제 사용 편의성은 상관이 없었다. 이 결과는 지각된 사용 편의성이 미적인 측면에 크게 영향을 받는다는 사실을 보여주는 사례다.

마케터는 이러한 연구 결과에 관심을 기울여야 한다. 품질과 같은 무형의 가치를 높이고 싶다면 상품을 보다 더 매력적으로 디자인하는 것이 목표를 달성하는 하나의 방법이 된다. 여러 면에서 이는 마케터가 감당하기 더 수월한 과제다. 보기에 아름다운 제품은 얼마든지 만들어낼 수 있지만, 신뢰와 같은 무형의 가치는 오로지 주장만 할 수 있기 때문이다.

5. 호감도를 높여 후광 효과를 활용하라

다음으로 호감도를 살펴보려고 한다. 아름다움과 마찬가지로 인간은 호감 가는 사람과 제품에 다른 긍정적 특성이 있다고 추정하는 경향이 있다.

2001년 플로리다 스테츤대학교의 캐럴린 니콜슨Carolyn Nicholson, 뉴욕 클라크슨대학교의 래리 콤포Larry Compeau와 라제시 세티Rajesh Sethi 교수는 영업 사원과 구매자 사이의 호감도와 신뢰도 사이의 관계를 탐구했다.

연구진은 사업주와 총괄 매니저 238명에게 자신이 거래하는 주요 공급업체 소속 영업 사원의 호감도와 신뢰도를 평가해달라고 했다. 결과에 따르면 호감도는 신뢰도에 중대한 영향을 미쳤다. 응답자의 호감도 점수가 높을수록 영업 사원이 믿을 수 있는 사람이라고 본 것이다.

다시 한번 이 실험 증거의 함의는 상관관계 이외의 영역으로 확장된다. 조애나 스탠리와 나는 실험 참가자 161명을 모집해 어떤 레스토랑에 방문한 이야기를 들려주었다. 마지막에 우리는 참가자들에게 식당 주인이 세금을 제때 납부했을 가능성이 얼마나 된다고 생각하는지 질문했다.

이 실험의 반전은 참가자 절반에겐 주인이 친절하게 그들을 맞이했다고 이야기했고, 나머지 절반에겐 주인이 무뚝뚝하게 행동했다고 말했다는 데 있다. 쾌활함이 성실한 납세와 실질적으로 관련 있지 않음에도 참가자들의 인식에 영향을 미쳤다. 주인이 쌀쌀맞은 행동을 보일 때보다 친절한 행동을 할 때 사람들은 그가 세금을 제때 낼 것으로 생각하는 경향성이 37% 더 높았다.

로젠츠바이크가 예측한 대로 눈에 보이지 않는 특성을 평가하기란 매우 까다롭다. 때문에 사람들은 알아차릴 새도 없이 '이 사람이 마음에 드나요?'와 같이 단순한 질문을 활용하고 관련 대답에 의존한다.

이 연구 결과는 현실에 적용할 수 있다. 브랜드들은 신뢰 혹은 품질과 같은 무형의 특성에 대한 인식을 개선해야 하는 경우가 많다. 그런데 이 문제를 정면으로 다루려는 실수를 범하는 마케터들이 너무 많다. 방금 여러분이 읽은 실험 결과들은 간접적으로 문제를 처리하고 호감도를 높이라고 제안한다.

다행히도 호감도는 변화를 일으키기가 더 수월한 지표이다. 30초짜리 광고에서 브랜드는 재치 있는 내용으로 청중을 웃게 하고 전반적으로 호감을 살 수 있다. 광고를 통해 이러한 특성들을 실제로 보여줄 수 있다. 하지만 신뢰나 품질에 관해서라면 여러분은 광고를 통해 이러한 특성들을 주장할 수 있을 뿐이다. 그리고 주장은 신뢰하기 훨씬 더 어렵다.

그런데 지금까지 호감도에 관해 나눈 이야기가 여러분 머릿속에 몇 가지 불편한 생각을 유발했을지도 모른다. 호감도를 이야기하는 건 쉽다. 하지만 그걸 어떻게 보여줘야 하는가? 이 질문이 진짜 도전이다. 그렇다, 이것이 다음 장에서 다룰 주제다.

15장

유머의 지혜

THE ILLUSION OF CHOICE

에너지 수치가 떨어지고 있어 카페인 섭취를 위해 밖으로

나가는 당신. 기운을 차리려 에스프레소 한 잔을 털어 넣는다.

마지막 한 방울까지 모두 털어 넣고 나니 웨이터와 눈이 마주친다.

허공에 서명하는 시늉으로 계산서를 요청한다.

기다리는 동안 팁을 얼마나 줘야 좋을지 머리를 굴린다.

여윳돈이 많지 않아 대략 10% 혹은 20%를 팁으로 줄 수 있다.

서비스에 대해 다시 생각해보는 당신.

쾌활한 웨이터는 심지어 농담도 몇 마디 건넸다.

결국 20%를 주기로 한다. 짜게 굴 필요는 없으니까.

• • •

웨이터의 유쾌한 태도에 대한 여러분의 반응은 우연이 아니다.

니콜라스 구겐의 연구에 따르면 뜻밖의 농담을 시도하는 서빙 직원들이 더 많은 팁을 보상받는 경향이 있다.

2002년 구겐 교수는 해변에 있는 바에 방문한 손님 211명을 대상으로 실험을 진행했다. 손님들이 에스프레소를 다 마시면 웨이터가 계산서를 가지고 왔는데, 이때 계산서만 가져오거나 농담을 곁들이거나 하는 차이를 두었다. 농담의 내용은 다음과 같았다.

어떤 에스키모인이 영화관 앞에서 여자친구를 오랜 시간 기다리고 있었다. 날은 점점 더 추워져 갔다. 잠시 후 추위에 떨다 다소 화가 난 그는 외투를 젖혀 체온계를 꺼냈다. 그런 다음 크게 외쳤다. "-9도가 될 때까지 안 오면 난 갈 거야!"

농담을 듣지 못한 통제집단의 손님들은 19%만이 팁을 남겼다. 이와 반대로 농담을 들은 손님들은 42%가 팁을 남겼다. 또한 유머의 시도는 팁의 액수에도 영향을 미쳤다. 농담을 들은 손님들은 23%를 팁으로 주었다. 이는 계산서만 받은 사람들이 16%를 팁으로 준 것에 비해 훨씬 많은 금액이었다.

이 연구가 흥미로운 건 유머가 상업 환경에서 수익을 올릴 수 있음을 시사하기 때문이다. 당연한 말처럼 들릴 것이다. 광고주들은 이미 이 사실을 알고 있지 않은가?

어쩌면 그럴지도 모르겠다. 하지만 업계 전체를 두고 보면, 해가

갈수록 우리는 점점 진지해지고 있다.

전 세계 20만 개 이상의 광고를 분석한 컨설팅 회사 칸타Kantar에 따르면 이러한 경향은 15년도 더 되었다. 2004년 전체 광고의 절반 이 조금 넘는 53%의 광고가 재미있고 유쾌했다(혹은 적어도 그렇게 보이려 했다). 하지만 이 비율은 꾸준히 줄고 있다. 현재 광고는 그 어 느 때보다도 진지하며 34%만이 유머를 시도하고 있다.

유머가 점점 사라지는 이유는 명확하지 않다.

여러 국가에서 많은 캠페인이 운영되고 있으므로 어떤 농담은 잘 전달되지 않을 수 있다는 두려움 때문일지도 모르겠다. 다른 그 럴듯한 설명은 브랜드의 목적을 거들먹거리는 태도로 전달하는 건 조하고 진지한 광고들이 성장하면서 웃음이 설 자리가 줄어들고

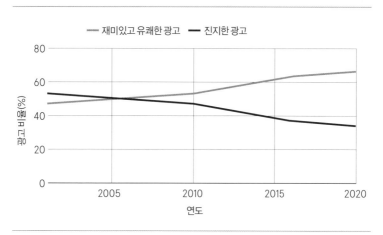

출처: Kantar

있다는 것이다.

심지어 각 나라의 권위자들로 구성된 각종 시상식의 심사위원들이 언어보다 시각적인 요소를 선호하기 때문이라는 주장도 있다. 광고 에이전시들은 시상식에서의 성과를 이용해 새로운 사업을 추진하므로, 회사 차원에서 유머에 호소하는 방식이 감소하는 경향으로 이어졌다는 것이다.

하지만 설명이 어떻든 간에 유머를 꺼리는 건 실수일지도 모른다. 여기에는 몇 가지 이유가 있다.

우선, 재미있을수록 기억에 남는다.

2014년 캘리포니아의 로마린다대학교의 거린더 베인즈Gurinder Bains와 동료 학자들은 20명의 노인을 대상으로 연구를 진행했다. 기본적인 기억력 수준을 측정하기 위해 모든 참가자가 테스트를 받았다. 여기에는 목록에 있는 단어들을 떠올리는 과제도 포함되었다. 이후 참가자 절반은 20분 동안 유머가 담긴 영상을 시청했고, 통제집단인 나머지 절반은 20분 동안 조용히 앉아 있었다. 다음으로 연구진은 단어 회상 테스트를 반복했다. 두 집단 모두 기본 점수가 향상됐지만, 44% 대 20%로 코미디 영상을 본 집단의 기억력 향상 정도가 통제집단이 달성한 정도보다 두 배 이상 높았다.

하지만 유머가 실험실 상황에서만 기억 용이성을 높인 건 아니다. 현실에서도 효과가 있다는 증거가 있다.

이스라엘 텔아비브대학교의 심리학자 아브너 지브Avner Ziv는 통계학 수업을 듣는 학생들을 대상으로 연구를 수행했다. 2014년《실험 교육 저널Journal of Experimental Education》에 발표된 이 연구에서 학생들은 두 개 집단으로 나뉘었다. 한 집단은 유머가 섞인 강의 자료로 수업을 들었고, 다른 집단은 유머 없이 수업 내용만 들었다. 결과는 명확했다. 수업 중 웃었던 반은 통계학 시험에서 11% 더 높은 점수를 받았다.

이러한 연구 결과가 광고에 어떻게 적용되는지 이해하기는 그리 어렵지 않다. 어떤 광고주든 최우선 목표는 기억 용이성이다. 고객의 머릿속에 떠오르지 않는 브랜드는 구매 대상이 될 수 없다.

> **어떤 광고주든 1차 목표는 기억 용이성이다.**

고객을 웃게 만드는 일이 돈이 되는 또 다른 이유가 있다. 재치와 지위 사이에는 강력한 연관성이 있기 때문이다. 2017년 T. 브래드포드 비터리T. Bradford Bitterly, 앨리슨 우드 브룩스Alison Wood Brooks, 모리스 E. 슈바이처 Maurice E. Schweitzer가 진행한 연구에서 참가자들은 가상의 여행 회사 비지트스위스Visit Switzerland를 추천하는 글을 쓰고 발표해달라는 요청을 받았다. 참가자들은 처음 발표하는 두 사람이 실은 연구자라는 사실은 몰랐다. 한 사람은 직접적으로

스위스의 산과 그곳에서 타는 스키와 하이킹이 얼마나 좋은지 설파하는 글을 발표했다. 다른 사람은 유머를 더했다. "스위스의 산은 스키와 하이킹에 최고인데, 여기엔 깃발도 크게 한몫합니다!"

참가자들이 발표자들을 평가했을 때 약간의 가벼운 유머를 더한 사람들을 5% 더 유능하고 11% 더 자신감 있다고 보았으며, 37% 더 높은 지위에 있다고 평가했다.

그런데 이와 같은 증명은 일회성 연구 이상의 의미를 지닌다. 개별 실험이 유용하긴 하지만, 가장 강력한 증거는 메타분석에서 나온다. 메타분석에서 연구진은 양질의 기존 연구를 모두 철저히 분석한 후 다양한 통계 기법을 사용해 결과를 통합하고 공통된 패턴을 찾는다.

2009년 독일 프랑크푸르트안데어오데르에 있는 비아드리나대학의 마케팅 교수 마르틴 아이젠트Martin Eisend가 광고에서 유머의 역할을 주제로 가장 최근에 이루어진 메타분석을 수행했다. 그는 1960년과 2004년도 사이에 발표된 관련 주제의 양질의 논문 38개를 찾아냈다. 아이젠트 교수는 통계적으로 유의미한 결과 7가지를 발견했다. 유머러스한 광고는 다음 항목에서 상당히 유리한 상관관계를 보였다.

- 광고에 대한 태도
- 브랜드에 대한 태도

- 관심

- 긍정 정서

- 부정 정서의 감소

- 그리고 가장 중요한 구매 의도

그런데 부정적인 상관관계가 하나 있었다. 바로 신뢰도다.

가장 큰 효과를 보인 건 유머러스한 광고와 광고를 향한 관심과 태도의 개선 사이의 연관성이었다.

유머의 이점을 발견한 건 학자들뿐만이 아니다. 레스 비네와 피터 필드Peter Field는 2012년부터 2020년까지 마케팅의 효과성을 다루는 IPA 이펙티브니스 어워즈IPA Effectiveness Awards에 등록된 243건의 사례 연구를 분석했다. 두 사람은 유머 요소를 포함하는 캠페인이 1.7이라는 대단히 큰 비즈니스 효과를 창출한 반면, 그렇지 않은 광고는 1.4에 불과했다는 사실을 발견했다.

이러한 심리를 어떻게 활용할 수 있을까? ─────

⋮ 1. 전략으로서 유머를 고려하라 ⋮

지금까지 살펴본 주요 증거에 따르면 마케터들이 유머를 멀리하는 것은 바람직하지 않다. 일반적으로 사람들의 관심을 끌고 긍정적 연상을 유발하거나 구매 의도를 높이고 싶다면 유머러스한 방식의 의사소통이 효과적인 전략이라는 강력한 증거가 있다.

브랜드들은 전설적인 광고 대행사 BMP의 설립자 마틴 보스Martin Boase의 말을 귀 기울여 들어야 할 것이다.

여러분이 누군가의 집에 초대된다면 그들에게 소리를 지르거나, 지루하게 하거나, 그들의 지능을 모욕하지 말아야 할 의무가 있다고 생각한다. 반대로 여러분이 매력적인 손님이고 초대해준 사람들을 즐겁게 해주거나 웃게 해주거나 재미있는 이야기를 들려준다면, 그들은 여러분을 조금 더 좋아할지도 모르고 여러분의 브랜드를 더 많이 구매하게 될 수도 있다.

⋮ 2. 불편한 주제를 다룰 때 유머에 의지하라 ⋮

그런데 우리는 유머의 효과가 있는지 없는지만 묻지 말고, 유머가 언제 효과적인지도 함께 물어야 한다.

유머가 특히 효과적인 상황은 여러분이 사람들을 불편하게 만드는 주제를 전달하는 경우다. 예를 들어 온종일 소파에 앉아 TV를 보는 사람들에게 좌식 생활의 위험성을 이야기하는 체육관 광고를 보여준다고 가정해 보자. 이 상황에서 여러분의 기획은 사람들이 부정적 정보를 회피하는 경향이 있다는 '타조 효과ostrich effect'로 실패할 위험이 있다.

이 심리 편향과 가장 관련성이 높은 실험 증거는 2009년 카네기 멜론대학교의 심리학자 조지 뢰벤슈타인George Loewenstein과 듀안 세피Duane Seppi가 수행한 연구에서 찾을 수 있다. 두 사람은 미국과 스웨덴 주식 시장 투자자들이 스웨덴 프리미엄 연금 당국Swedish Premium Pension Authority과 자산 운용사 뱅가드Vanguard의 로그인 데이터를 사용해 포트폴리오를 확인하는 빈도를 조사했다.

연구진은 주식 시장이 상승세인지 하락세인지에 따라 행동 패턴이 달라지는 것을 발견했다. 시장이 1% 상승했을 때 포트폴리오를 확인하는 횟수가 미국 투자자들은 5~6%, 스웨덴 사람은 1% 증가했다. 연구진의 말에 따르면, 사람들은 "자신들이 두려워하는 심리적 불편감을 초래할 수 있는 정보에 노출되기를 꺼린다."

여기서 유머는 잠재적인 역할을 한다. 사람들이 달갑지 않은 정보와 마주했을 때 모래 속에 머리를 파묻는다면, 유머는 정보의 부정적 측면의 일부를 상쇄할 수 있을까?

2012년 호주 멜버른철도공사가 진행한 공공 안전 캠페인 〈멍청하게 죽는 방법Dumb Ways to Die〉은 그렇다는 사실을 증명한다. 멜버른 철도 공사는 젊은이들의 철도 관련 사고를 줄이고 싶었지만, 위험성을 그래프로 자세히 묘사하면 사람들에게 겁만 줄 뿐 깊은 관심은 얻지 못할 수도 있음을 우려했다.

그래서 그들은 기차에 치이는 사고를 '가장 멍청하게 죽는 방법'이라고 칭했다. 끔찍한 죽음을 나열하는 소름 끼치면서도 우스꽝스러운 노래를 통해 청중들의 관심을 메시지로 이끌었다.

이 노래를 아직 들어본 적이 없다면, 가사의 첫 소절이 선사하는 블랙 유머의 풍미를 음미해보자.

머리카락에 불을 붙이고

회색곰을 막대기로 찌르고

유효 기간이 지난 오래된 약을 먹고

중요 부위를 피라냐 낚시의 미끼로 쓰고

멍청하게 죽는 방법

멍청하게 죽는 방법이 너무 많죠

이 노래 영상의 조회 수는 2억 회를 기록했고, 500만 명의 사람들이 친구들에게 영상을 전달하면서 역사상 가장 많이 공유된 공공 서비스 캠페인 메시지가 되었다. 가장 중요한 것은 이 노래가 사람들의 행동을 바꿨다는 점이다. 광고 후 3개월 동안 사고 발생 건수가 지난해 같은 기간보다 21% 감소했다.

광고업계에서 가장 존경받는 기획자 중 한 명인 세라 카터Sarah Carter는 다음과 같은 멋진 말을 남겼다.

숟가락으로 비행기 흉내를 내며 아이를 어르고 달래 밥을 먹인 경험
이 있는 사람이라면 알고 있다. 사람들의 무장을 해제시켜야 설득할
수 있다는 것을. 그러니 유쾌하고 장난기 있는 모습을 잃지 말자. 사
람들은 그런 모습들을 좋아한다. 그리고 그게 먹힌다.

: 3. 팬들에게는 유머러스한 메시지를 우선순위에 두라 :

가벼운 유머를 곁들여 잘 전달할 수 있는 불편한 메시지뿐만이
아니다. 유머가 힘을 발휘하는 또 다른 상황은 여러분이 브랜드 파
워를 가지고 있거나 팬들을 타깃으로 하는 경우다. 여기서 유머의
긍정적 효과가 극대화된다.

이 접근법에 대한 실험 증거는 1990년 캐나다 맥길대학교의 아
미타바 차토파디야Amitava Chattopadhyay와 쿠날 바수Kunal Basu 교수
가 수행한 연구에서 찾을 수 있다. 두 사람은 연구의 시작으로 실험
참가자 80명에게 친숙하지 않은 펜 브랜드에 대한 설명글을 읽게
했다. 절반은 브랜드를 칭찬하는 글을, 나머지 절반은 브랜드를 혹
평하는 글을 읽었다.

다음으로 모든 참가자가 펜 광고를 봤다. 절반은 유머가 포함된
버전을, 나머지 절반은 유머가 없는 버전을 끝까지 봤다. 광고의 다
른 요소는 모두 똑같았다.

광고를 다 본 후 참가자들은 일련의 질문에 답했다. 마지막으로

	유머러스한 광고 시청	유머러스하지 않은 광고 시청
긍정적 브랜드 인상	67%	40%
부정적 브랜드 인상	20%	38%

출처: Amitava Chattopadhyay, Kunal Basu
백분율은 광고된 펜을 고른 사람들의 수를 의미한다.

실험이 막바지에 다다랐을 때 참가자들은 감사의 표시로 선물을 받았다. 그들은 광고에 나온 펜과 다른 펜 3개 이렇게 총 4개의 펜 중 집으로 가져갈 펜 1개를 고를 수 있었다. 상황에 따라 광고에 나온 펜을 선택한 사람들의 비율은 위의 표에서 확인할 수 있다.

광고의 효과성은 참가자가 사전에 가지고 있던 브랜드 인상에 좌우되었다. 펜의 품질이 좋다는 인상을 받았다면 유머러스한 광고는 단연 가장 효과적이었다.

하지만 참가자들이 펜 브랜드를 부정 상황이 달라졌다. 이 경우에는 유머러스하지 않은 광고가 오히려 더 나은 효과를 냈다.

이 연구는 전략적 조언에 미묘한 맥락의 차이를 더한다. 유머는 여러분의 브랜드 파워가 강력하거나 여러분의 메시지를 좋아하는 사람들에게 가장 효과적이며, 여러분의 브랜드가 어려움을 겪고 있다면 유머를 피하는 게 가장 좋은 전략일 것이다.

: 4. 유머의 효과를 극대화하라: 기분의 중요성 :

마지막 실험은 재미있는 광고의 영향을 극대화하는 방법과 관련이 있다. 1981년 오스틴에 있는 텍사스대학교의 프랭크 위커Frank Wicker 교수가 주도한 연구에서 아주 흥미로운 사실을 발견할 수 있다. 그는 우리의 기분이 농담의 감상에 얼마나 영향을 주는지에 관심을 보였다.

위커 교수는 125명의 참가자에게 그들의 현재 기분을 묻는 것으로 실험을 시작했다. 그런 다음 참가자들에게 37개의 농담을 읽게한 후 '전혀 재미있지 않다'부터 '매우 재미있다'까지로 평가하도록했다. 위커 교수는 참가자의 기분이 좋을수록 농담을 긍정적으로 평가한다는 사실을 발견했다. 따라서 사람들의 기분이 좋을 때를 타깃으로 삼아야 하는 것이다.

경고의 말은 2007년 칸타에서 발행한 자료「광고에서 유머를 사용해야 하는가?Should I use humour in advertising?」에서 나왔다. 그들은 유머가 즐거움과 참여를 촉진하지만, 핵심 메시지와 일치할 때 가장 효과적이라고 주장한다. 그와 무관한 유머는 광고를 지배하고여러분의 브랜드를 삼켜버릴 위험이 있다.

따라서 재치는 현명하게 사용해야 한다. 그러면 기억 용이성과 브랜드의 지위가 모두 향상되는 것을 볼 수 있다. 또한 동시에 브랜드의 메시지를 잊어서는 안 된다. 그렇지 않으면 얻는 것보단 잃는

게 더 많을 것이다.

아쉽지만, 우리의 행동과학 여정이 마지막을 향해 가고 있다. 이 여정을 끝내기 전에 여러분과 공유하고 싶은 몇 가지 실험이 있다. 이 연구들은 이 책을 통틀어 가장 흥미로운 실험이다. 여러분도 그렇게 생각하길 바란다. 어찌 됐든 높은 수익으로 마무리하는 것이 가장 중요하니까.

16장

피크엔드 법칙

정신없는 하루였다.

여러 업무를 처리하고 쇼핑도 하고, 시력 검사까지 받았다.

오늘 하루 있었던 일들을 곱씹어 보는데, 클라이언트 미팅에서

창피한 결례를 범한 순간으로 생각이 미친다.

알아보지 못했던 클라이언트의 이름이 뭐였지?

앤? 애나? 애냐? 아니면 애나벨라?

아직도 잘 기억나지 않는다. 기억력 감퇴가 원망스럽다.

• • •

하루 동안 일어난 사건들을 단편적으로 기억하는 건 일반적인 현상이다. 예리한 관찰자들은 오랫동안 변덕스러운 기억력에 주목해왔다. 제인 오스틴Jane Austen은 자신의 소설 『맨스필드 파크

Mansfield Park』에서 다음과 같이 썼다.

인간의 다른 어떤 지능보다 기억력은 그 전능함과 무능함, 기복과 관련해 확실히 이해할 수 없는 부분이 있는 것 같다. 때로 기억은 너무나 선명하고 편리하며 온순하다. 그런데 때로는 당황스럽고 연약하다. 그리고 때로는 너무나 포악해 통제를 벗어난다!

우리 뇌가 우리가 경험한 모든 순간을 저장할 수는 없다. 대신 우리는 자신에게 일어나는 사건의 일부를 포착한다. 밀란 쿤데라Milan Kundera는 이러한 경향을 자신의 소설 『불멸Immortality』에 반영하고 있는데, 이 작품에서 그는 "기억은 영화를 만드는 것이 아니라 사진을 찍는 것이다."라고 이야기한다. 즉, 그의 말은 우리가 사건 전체가 아닌 사건 일부를 스냅 사진처럼 기억한다는 뜻이다.

우리의 기억은 선택적이기 때문에, 어떤 특정 요소들이 우리 마음에 꽂히느냐에 따라 사건의 전체가 다르게 기억될 수 있다.

심리학은 우리 마음에 오래 남는 순간들에 관해서 설명한다. 이 장에서 나는 관련 이론 중 하나인 '피크엔드 법칙peak-end rule'을 이야기하려 한다. 이 법칙은 우리가 경험한 사건의 가장 즐거운 (혹은 가장 재미없는) 부분과 마지막 순간을 기억하려는 경향이 있다는 연구 결과에서 비롯된다.

우리는 경험한 사건의 가장 즐거운 (혹은 가장 재미없는) 부분과 마지막 순간을 기억하려는 경향이 있다.

가장 초기의 실험 증거 중 일부는 토론토대학교의 도널드 레델마이어Donald Redelmeier 교수와 당시 버클리대학교에 재직 중이었던 대니얼 카너먼의 2003년 실험에서 찾을 수 있다.

두 사람은 대장 내시경 검사를 받은 환자들을 대상으로 실험을 진행했다. 이 시술이 익숙하지 않은 사람을 위해 말하자면, 대장 내시경은 의사가 염증이 있는 조직이나 용종을 찾기 위해 여러분의 직장에 이리저리 휘어지는 카메라를 삽입하는 과정을 포함한다. 상당히 불쾌한 시술이라 할 수 있다.

연구진은 시술이 이뤄지는 동안 고통의 수준을 매분 기록할 수 있는 휴대용 장치를 지원자들에게 건네주었다. 이후 환자들은 시술이 얼마나 불쾌했는지 회고하며 평가하는 절차를 두 번 거쳤다. 한 번은 시술이 끝난 직후, 나머지는 한 달 후였다.

흥미롭게도 환자들이 회고한 내용은 시술을 겪으며 기록한 평균적인 고통 수준과 잘 일치하지 않았다. 대신 그들의 기억은 두 가지 특정한 순간을 훨씬 잘 예측했다. 바로 고통의 강도가 정점에 달했던 때와 시술의 마지막 순간에 느껴지는 불편함이었다.

그렇다면 어떻게 해야 고통스러운 대장 내시경 검사에 대한 실험이 여러분에게 도움을 줄 수 있을까?

이러한 심리를 어떻게 활용할 수 있을까? ──────

⋮ 1. 중요한 순간에 집중하라 ⋮

어느 특정한 순간이 다른 때보다 더 중요하다는 연구 결과는 우리가 어디에 노력을 집중해야 하는지 힌트를 준다.

여러분은 대장 내시경 검사가 여러분의 업무와 어떤 관련이 있는지 의문을 가질지도 모르겠다. 연구 결과가 브랜딩에 적용할 수 있는 것일까?

충분히 가질만한 의문이다. 그런데 사실 피크엔드 법칙은 다양한 상황에 존재한다. 아마 가장 관련성이 높은 연구는 다트머스대학교의 심리학자 에이미 도Amy Do, 알렉산더 루퍼트Alexander Rupert, 조지 올포드George Wolford가 2008년 실행한 실험으로, 피크엔드 법칙이 상업 환경에서 적용되는지 확인하고자 했다.

연구진은 자선단체 기금 모금을 위한 복권을 만들었는데, 바로 기부를 한 사람이라면 누구에게나 DVD를 얻을 수 있는 기회가 주어졌다. 이후 세 학자는 참가자 중 100명에게 그들이 당첨되었음을 알리며 정해진 선택지 안에서 어떤 타이틀을 원하는지 골라 달라고 요청하는 이메일을 보냈다.

어떤 이들에게는 영화 리뷰 사이트 로튼토마토Rotten Tomatoes에서 높은 평점을 받은 목록 A의 영화들을 보여주었다. 다른 사람들에게는 더 평범한 목록 B의 영화들을 보여주었다.

이후 참가자들은 DVD가 얼마나 재미있었는지 7점 척도로 평가했다. 놀랄 것도 없이 우수한 평점을 받은 영화 목록에서 작품을 고른 사람들의 만족도가 더 높았다. 목록 A가 주어진 집단의 평균 점수는 5.21점이었으나 목록 B가 주어진 집단의 평균은 2.57점에 그쳤다. 지금까지는 예상 가능한 결과다.

하지만 이 실험의 영리한 면모는 그 다음에 있다. 참가자의 절반은 추가로 DVD를 선택할 기회를 얻었다. 그리고 이번에는 다른 목록에서 선택해야 했다. 따라서 참가자들은 총 4개 그룹으로 나뉘었

그룹	특징	평균 평점
A	최고의 영화 목록에서 DVD 1개를 선택	5.21
B + A	각 목록에서 DVD 1개씩 선택(마지막은 최고의 영화 목록에서 DVD를 고름)	4.82
A + B	각 목록에서 DVD 1개씩 선택(마지막은 평범한 영화 목록에서 DVD를 고름)	4.14
B	평범한 영화 목록에서 DVD 1개를 선택	2.27

출처: Amy Do, Alexander Rupert, George Wolford, 2008.

다. 아래 표에서 점수 차이를 확인할 수 있다.

실험 결과는 마지막 순간의 힘을 강조한 카너먼과 레델마이어의 연구 결과를 확증한다. DVD 2개를 선택한 그룹을 비교해보면 마지막에 최고의 영화 목록에서 DVD를 고른 경우 평점이 향상된 것으로 나타났다. 모든 그룹의 참가자가 DVD라는 똑같은 상품을 받았지만, 순서가 중요했다. 높은 평점을 준 영화를 마지막으로 시청한 사람들이 16% 더 결과에 만족했다!

이 연구에 자극받은 나는 2020년 피크엔드 법칙이 광고에도 영향을 미치는지 알아보기 위한 실험을 고안했다. 비디오 광고 플랫폼 언룰리Unruly의 알렉스 맥과이어Alex Maguire와 함께 AI 소프트웨어 기업 어펙티바Affectiva의 초 단위 얼굴 코딩 기법을 사용해 분석된 광고를 대대적으로 조사하기 시작했다. 어펙티바의 기법은 청중의 반응에 기초해 광고 평점을 제공한다.

우리는 전체 점수가 같은 광고 9편을 골랐다. 그리고 해당 광고들을 초 단위 프로파일에 근거해 세 그룹으로 쪼갰다. 나눠진 그룹은 다음과 같았다.

- 처음부터 끝까지 일관되게 평범한 점수를 받은 광고
- 최고점과 최저점을 모두 보유한 들쑥날쑥한 광고
- 마지막에 최고점을 기록한 끝이 좋은 광고

다음으로 우리는 579명의 참가자를 모집해 광고를 시청하게 했다. 일주일 뒤 우리는 사람들이 얼마나 광고를 기억하는지 질문했다. 여기에는 명확한 패턴이 있었다. 기억과 관련해서 참가자의 23%가 일관된 반응의 광고를, 31%가 들쑥날쑥한 광고를, 33%가 끝이 좋은 광고를 기억해냈다.

우리는 브랜드를 기억하는 방식에서도 유사한 패턴을 봤다. 10%의 사람들이 일관된 반응의 광고에서 브랜드명을 정확하게 기억해냈으며, 들쑥날쑥한 광고에서는 32%의 사람들이, 끝이 좋은 광고에서는 21%의 사람들이 브랜드 이름을 기억했다. 두 지표 모두에서 피크엔드 법칙을 활용한 광고가 훨씬 더 기억에 남았다.

이제 여러분은 피크엔드 법칙에 대해 알게 되었다. 그렇다면 무엇을 해야 할까? 브랜드 경험에 적용할 수 있는 세 가지 전략이 있다.

- 밑바닥을 메워 최저점을 최소화한다.
- 고점을 극대화해 최고점을 강조한다.
- 고점에서 마무리한다.

각 전략에 대해 자세하게 이야기해보자.

： 2. 밑바닥을 메우는 것부터 시작하라 ：

세 가지 전략 중 밑바닥을 메우는 것이 가장 먼저 해야 할 일이다. 여러분은 브랜드 경험에서 최악의 부분을 찾아내 최대한 개선해야 한다.

이 단계가 가장 중요한 이유는 사람들이 부정적 편향을 보이기 때문이다. 부정적인 정보는 같은 정도의 긍정적 정보보다 우리에게 미치는 영향이 훨씬 크다. 이러한 현상은 두 가지 이유로 발생한다.

첫째, 우리는 부정적 정보를 기억할 가능성이 더 높다. 이 성향은 1991년 버클리의 펠리시아 프래토Felicia Pratto 교수가 시행한 실험으로 입증되었다. 그녀는 참가자들에게 긍정적 특성 20개와 부정적 특성 20개가 포함된 40개의 성격 특성이 적힌 목록을 읽게 했다. 참가자들이 최대한 많은 성격 특성을 기억해내려고 할 때 긍정적 특성보다 부정적 특성을 기억할 확률이 두 배나 더 높았다.

둘째, 기억 용이성이 더 크다는 점을 고려하더라도, 우리는 같은 자극의 긍정적 사건보다 부정적 정보에 무게를 더 많이 두는 경향이 있다. 이는 1966년 펜실베이니아대학교의 셸 펠드먼Shel Feldman 교수가 수행한 연구에서 가장 잘 나타난다. 펠드먼 교수는 참가자들에게 어떤 사람을 묘사한 글을 주고 이 가상 인물의 매력도를 평가해달라고 요청했다.

일부 참가자들은 긍정적 특성이 적힌 글을 읽었고, 다른 참가자들은 부정적 특성이 적힌 글을, 그리고 두 가지 특성 모두 적힌 글을 본 참가자도 있었다. 두 가지 특성이 혼합된 글을 읽은 사람들의 전반적인 평가는 실험을 반복할수록 평균보다 훨씬 부정적이었다. 펠드먼 교수는 나쁜 정보가 좋은 정보보다 더 큰 비중을 차지하고 있다는 사실이 실험을 통해 드러났다고 주장했다.

우리의 부적 편향은 진화적 뿌리에 기원할지도 모른다. 미국 오하이오주 케이스웨스턴리저브대학교의 심리학자 로이 바우미스터 Roy Baumeister는 다음과 같이 주장한다.

나쁜 것이 좋은 것보다 더 강하게 작용하는 현상은 우리가 환경에 더욱 잘 적응하도록 진화한 결과다. 진화의 역사를 보면 나쁜 환경에 대한 적응력이 높은 유기체가 위협에서 생존에 더욱 유리했을 것이며, 결과적으로 그런 유기체들이 유전자를 물려줄 확률이 더 높았을 것으로 생각한다.

따라서 여러분이 밑바닥부터 채워야 한다는 주장의 근거는 명확하다. 하지만 실무에서 이는 어떤 모습으로 나타날까? 브랜드의 세부 특징에 따라 다르겠지만, 좀 더 구체적으로 설명하기 위해 몇 가지 예를 살펴보도록 하자.

디즈니부터 시작해보자. 여러분이 디즈니 테마파크 중 한 곳을 방문했다면 대기 시간이 그날 하루의 상당 부분을 차지한다는 사실을 알게 될 것이다. 인기 있는 놀이기구는 2시간 가까이 기다려야 하니 말이다. 디즈니는 대기 중인 사람들을 즐겁게 해주는 방식으로 이 단점을 상쇄했다.

예를 들어 덤보Dumbo 놀이기구를 기다리는 사람들에겐 자기 차례가 오면 윙윙거리는 호출기가 주어진다. 그동안 방문객들은 덤보를 테마로 한 쾌적한 놀이 공간으로 아이들을 데려가 서커스 빅탑에서 적당히 놀게 해줄 수 있다.

아이들만 디즈니랜드의 대기줄에서 즐거운 경험을 하는 건 아니다. 헌티드맨션Haunted Mansion 대기 줄에는 조각상 5개가 벽에 늘어서 있는데, 각 조각상에 붙어 있는 명판은 소름 끼치는 죽음의 원인을 설명해주고 있다. 여러분의 임무는 단서들을 이용해 누가 그들을 모두 살해했는지 추측하는 것이다.

디즈니는 대기자들을 즐겁게 해주는 데 많은 돈을 쓰고 있지만, 이들처럼 문제 해결에 반드시 큰 비용을 지불해야 하는 건 아니다. 때로는 수평적 사고가 필요하다.

색다른 사고의 훌륭한 사례는 2000년대 초반 휴스턴 공항에서 찾아볼 수 있다. 경영진은 수화물 컨베이어 벨트에서 대기하는 승객들의 불만 접수 건수에 낙담했다. 이때까지 승객들은 거의 한계에 다다른 상태였으며, 평균 약 8분 정도가 지나면 그들의 인내심은 시험대에 올랐다.

경영진은 비용이 거의 들지 않는 대처법을 찾아냈다. 그들은 여권 심사 후 다른 길로 승객들을 안내했고, 따라서 더 걸어야 했다. 사실 약 8분 정도 더 걸어야 했다. 이는 승객들이 컨베이어 벨트에 도착했을 때 이미 수화물이 나온 상태였다는 것을 의미다.

사람들이 가방을 찾은 시간은 같았음에도 불만은 급감했다.《뉴욕타임스New York Times》에 휴스턴 공항의 재설계 계획을 보도한 알렉스 스톤Alex Stone에 따르면, "대기 경험의 정의에서 기다리는 시간이라는 객관적 요소가 차지하는 비중은 극히 일부다." 더 중요한 사람들의 인식이며, 아무것도 하지 않는 대기 시간은 무언가를 하면서 기다리는 시간보다 훨씬 길게 느껴진다.

디즈니와 휴스턴 공항의 사례는 밑바닥에 우선순위를 두는 것의 중요성을 보여준다. 너무 많은 회사가 제품의 불만족스러운 부분을 다루기를 꺼린다. 보통 마케터는 장점을 증폭시키는 일에 더 흥미를 느낀다. 하지만 실험 증거는 그것이 잘못된 시작점이라는 것을 시사한다.

⋮ 3. 고점을 극대화하라 ⋮

밑바닥을 메우는 문제를 해결했다면 여러분은 다음 단계로 나가야 한다. 바로 고점을 극대화하는 것이다.

간단하게 보이는가? 그럴지도 모른다. 하지만 많은 브랜드가 이 전략을 적용하고 있는가? 대부분은 고객 경험을 구성하는 모든 측면에서 약간의 개선을 시도한다. 하지만 이러한 시도는 브랜드의 노력을 성기게 만들고 결국 평범함으로 이어져 노력의 빛은 바래고 만다. 어쨌든 모든 영역에서 의미 있는 개선을 추구하는 행동은 엄청난 비용이 드는 일이다. 따라서 그렇게 하는 대신 한 순간을 완전히 돋보이게 만드는 데 집중해야 한다.

다시 한번 사례를 살펴보자. 이번엔 칩 히스와 댄 히스의 훌륭한 저서『순간의 힘The Power of Moments』에 등장하는 매직캐슬Magic Castle 호텔의 이야기다.

매직캐슬 호텔은 트립어드바이저Tripadvisor가 꼽은 로스앤젤레스 탑10 호텔 중 하나로 선정되었다. 3,512개 리뷰 중 93%가 호텔을 '매우 좋다' 혹은 '훌륭하다'고 평가했다. 이는 그 유명한 베벌리힐즈의 포시즌스Four Seasons 호텔보다 더 높은 비율이다.

매직캐슬 호텔은 아주 평범한 호텔이기 때문에 여러 면에서 이 호텔의 성공은 놀랍다. 실내 장식도 오래되었고 스위트룸도 별 볼일이 없는 데다가 수영장이 협소한데 숙박비가 꽤 든다. 나는 이 호텔에 묵기 위해 한 달 전부터 예약을 시도했다. 숙박비? 254파운드나 되지만, 메리어트Marriott와 같은 수준의 마법과 같은 하룻밤과는 거리가 멀다.

하지만 이 호텔은 피크엔드 법칙을 능숙하게 적용하고 있다. 획일적 경험을 만들어내기보다 한 두 가지의 뛰어난 순간을 만드는 데 초점을 맞춘다. 그런 순간 중 하나가 아이스캔디 헬프라인이다.

낮이든 밤이든 언제든지 수영장 옆에 있는 빨간색의 구식 전화기를 들고 헬프라인으로 전화를 걸 수 있다. 그러면 하얀 장갑을 낀 한 남성이 무료 아이스캔디가 담긴 은쟁반을 들고 바로 나타난다.

이것이 바로 일상적 측면을 일부 개선하기보다 아주 뛰어난 순간을 창조해내는 전략으로, 즐거운 추억과 더불어 훌륭한 리뷰를 만들어낸다.

하지만 고점을 극대화하라는 제안은 여러분의 질문만 더 늘어나게 할 뿐이다. 그중에서도 어떻게 해야 훌륭한 순간을 만들 수 있는가? 한 가지 요인은 의외성이다. 매직캐슬 호텔의 사례를 생각해보자. 만약 여러분이 호텔에 가본 적이 있다면 호텔에서의 숙박 경험이 어떨지에 대한 일련의 과정을 예상한다. 매직캐슬 호텔은 긍정적인 방식으로 그러한 기대를 저버린다. 바로 그 점이 기억 용이성을 향상시키는 것이다.

이는 단순한 추측이 아니다. 의외성의 중요성은 텍사스의 베일러 의과대학교의 학자인 바니 파리야다스Vani Pariyadath와 데이비드 이글맨David Eagleman가 수행한 실험에서 입증되었다. 2007년 두 사람은 실험 참가자 84명에게 각각 300~700밀리세컨드 사이에 번쩍 빛이 나는 사진 9장을 보여주었다. 8장은 모두 똑같이 평범한 이미지인 갈색 구두였고, 나머지 하나는 의외성을 나타내는 알람 시계였다.

그런 다음 연구진은 참가자들에게 앞선 사진과 비교하여 각 사진이 얼마나 오랫동안 보였는지 판단하도록 요청했다. '괴짜 효과

oddball effect'로 알려지게 된 이 연구의 핵심은 의외성을 상징하는 이미지가 실제보다 12% 더 오래 보였다고 판단된다는 사실이다.

따라서 소비자들의 기대를 넘어서는 절정의 순간을 만드는 데 집중하는 것이 좋다. 여러분에게 아이스캔디 핫라인에 해당하는 비장의 무기는 무엇인가?

⋮ 4. 고점에서 마무리하라 ⋮

피크엔드 법칙을 적용하는 마지막 방법은 가장 간단하다. 고점에서 마무리하는 것이다. 대개 브랜드들은 훌륭한 첫인상을 만드는 데 집중하고 싶은 유혹을 느낀다. 물론 첫인상도 중요하다. 그런데 레델마이어와 카너먼의 연구는 기억의 측면에서 보면 끝인상이 더 중요하다고 주장한다.

그렇다면 누가 이 전략을 잘 활용하고 있을까?

다시 한번 말하지만, 디즈니는 놀이공원에서 이 아이디어를 적용하는 데 달인이다. 놀이기구를 타기 위해 줄을 서기 시작하면 대기 시간을 추정하는 디지털 디스플레이가 나타난다. 하지만 디즈니 테마파크로 가는 여행에서 방문객들이 가장 많은 것을 얻을 수 있도록 도와주는 사이트인 투어링플랜Touring Plan은 전광판에 표시된 200만 개의 대기 시간과 실제 대기 시간을 비교했다. 그들은 일관된 과대 추정의 패턴을 발견했다. 디즈니는 대기줄이 실제보다 더 오래 걸릴 수 있다고 반복적으로 경고한다.

언뜻 보면 잘 이해되지 않는 일이다. 브랜드가 왜 자신의 문제를 과장했을까? 하지만 그들의 행동을 피크엔드 법칙에 비추어 보면 이해가 간다. 대기 시간을 일부러 길게 알려준 덕분에 고객 경험이 고점에서 끝난다. 즉, 45분이라는 대기 시간으로 유발된 짜증이 대기 시간을 50분으로 예상함으로써 최소화되는 것이다.

디즈니가 피크엔드 법칙을 적용하는 유일한 브랜드는 아니다. 플랫아이언Flat Iron은 자신들만의 독특한 콘셉트가 있다. 이 브랜드를 처음 들어보는 이들을 위해 간단히 덧붙이자면, 플랫아이언은 찰리 캐럴Charlie Carroll이 2012년 런던에 설립한 스테이크 전문 체인 식당으로, 총 10개의 지점이 있다.

계산이 끝나면 웨이터가 미니어처 장식용 스테이크 나이프 한 쌍을 주며 나갈 때 문 앞에 있는 직원에게 건네라고 한다. 그렇게 할 때 여러분은 솔티드 카라멜 아이스크림 콘을 보상으로 받게 된다. 고점에서 깜짝 선물로 식사 경험을 확실하게 마무리 짓는 것이다.

하지만 내가 가장 좋아하는 강력한 마무리 예시는 포스트 크레딧 시퀀스라는 영화 전통에서 기인한 것이다. 스팅어stinger로 알려져 있는 이 용어는 보너스 콘텐츠라는 보상으로 청중이 크레딧을 끝까지 보게끔 유인하는 기법이다.

이 트렌드는 007 시리즈에서 천천히 시작되었는데, 1963년 작품 〈007 위기일발From Russia with Love〉부터 주요 액션 장면이 끝나면

"제임스 본드는 돌아올 것이다…"라는 짧은 메시지가 삽입되었다.

하지만 영화제작자들이 보다 더 유쾌한 장면을 넣는 방식으로 이 아이디어를 제대로 적용하기 시작한 것은 1970년대 말부터다. 1979년 영화 〈머펫 무비The Muppet Movie〉는 등장인물들이 다시 나타나서 관객들에게 말을 거는 방식으로 네 번째 벽을 깨뜨렸다. 가장 기억에 남는 장면은 영화관을 서성이는 사람들에게 애니멀 Animal이 "집에 가세요! 집에 가! 안녕!"이라고 소리치는 장면이다.

1980년대에는 많은 영화가 〈캐넌볼Cannonball Run〉시리즈처럼 본 영화가 끝나면 편집 과정에서 잘라낸 장면들을 보여주기 시작했다. 픽사 애니메이션Pixar Animation은 NG 장면을 포함하는 현상을 훌륭하게 패러디했는데, 1998년의 〈벅스 라이프A Bug's Life〉, 1999년의 〈토이 스토리 2Toy Story 2〉, 2010년의 〈토이 스토리 3Toy Story 3〉와 같은 작품들에 실제로 적용했다(물론 진짜 NG 장면은 아니다).

아마 가장 적합한 예는 1978년 존 랜디스John Landis의 영화 〈동물농장Animal House〉일 것이다. 본 영화가 끝나면 다음으로 등장인물들에게 어떤 일이 일어났는지 보여주는 코너가 있었다. 등장인물 중 한 명인 밥스Babs는 유니버설 스튜디오에서 가이드로 취직한 모습이 그려졌다. 크레딧이 모두 올라간 후에는 "할리우드에서 유니버설 스튜디오를 방문할 때 *밥스를 찾으세요*"라는 광고 메시지가 나타났다. 1989년까지 이 수수께끼 같은 제안을 실행한 사람들에게는 할인 혜택이 주어졌다.

피크엔드 법칙은 어디에 집중해야 하는지에 대한 지침을 통해 마케터에게 도움을 준다. 여러분은 확실하게 밑바닥을 메우고 고점을 극대화한 다음 고점에서 마무리할 수 있어야 한다.

아쉽지만 피크엔드 법칙이 우리의 마지막 실험이다. 대장 내시경과 NG 장면에 관한 일화가 고점에서 마무리했다는 의미로 받아들여졌길 바란다.

마치며

영국 왕립학회The Royal Society는 영국의 저명한 과학 아카데미다. 1660년 런던에 설립된 이 학회는 역사상 가장 위대한 지식의 발전을 이끌었다. 아이작 뉴턴Isaac Newton의 『프린키피아Principia』를 출판했고 금성의 변화를 관찰하기 위해 제임스 쿡James Cook의 타히티 탐험에 자금을 지원했다. 이는 태양계의 크기를 가늠하는 데 도움을 주었다.

하지만 우리에게 가장 흥미로운 것은 학회의 이념으로 다음 문장으로 요약된다.

Nullius in verba

누구의 말도 믿지 말라는 뜻이다.

왕립학회, 그리고 과학 그 자체의 핵심은 권위만으로는 진실을 확립할 수 없다는 아이디어에 있다.

이것이 내가 행동과학을 좋아하는 이유 중 하나다. 권위로만 주장할 수 있는 건 없다. 카너먼이나 세일러와 같은 저명한 노벨상 수상자들의 말조차도 그대로 받아들일 수는 없다. 모든 건 실험으로 증명되어야 한다.

이처럼 실험적 증거를 강조한다는 것은 우리가 지금까지 다룬 연구 결과가 철저하고 강력하다는 의미이기도 하다. 냉정한 데이터 분석보다 논증의 미학을 기반으로 하는 많은 마케팅 혹은 비즈니스 이론을 개선한 결과라 볼 수 있다.

추측보다 행동과학의 강력한 근거를 기반으로 결정하는 것이 확실히 더 나은 방법이다.

하지만 강력한 통찰은 우리가 그것을 사용할 때 비로소 가치 있다. 따라서 행동과학이 범주화한 인간 본성에 관한 통찰을 여러분의 마케팅에 적용하자. 사람들의 행동을 바꾸려는 당신의 노력은 더 효과적으로 발휘될 것이다.

우리는 312페이지에 걸쳐 수많은 실험에 대해 이야기했다. 이 책에서 다룬 여러 실험이 여러분의 마케팅 전략에 실질적인 변화를 일으킬 다양한 아이디어를 불러일으켰기를 바란다.

그런데 16½개라는 충분한 분량의 아이디어(게다가 여러분이 『어떻게 팔지 답답할 때 읽는 마케팅 책』도 골랐다면 고려해볼 가치가 있는 인사이트가 25개 더 있다.)를 다뤘다 해도 아직 언급도 하지 못한 내용이 무척 많다.

심리학 연구의 시작은 1890년대로 거슬러 올라간다. 그 이후 수천 번의 실험이 진행되었다. 우리가 분석한 실험들은 전체 연구에서 아주 일부를 차지할 뿐이다.

그러니 부디 여기서 멈추지 마시길. 발견해야 할 것들이 아직 많다. 마지막으로 여러분의 목표 달성을 돕기 위해 다음 페이지에 참고할 만한 책 8권을 추천해두었다.

* 아래 추천도서는 모두 한국에서도 출간된 도서입니다. 출간 연도는 국내 기준입니다.

『어떻게 팔지 답답할 때 읽는 마케팅 책』
리처드 쇼튼, 2019년

내가 이 책을 편애하는 것일 수도 있다. 하지만 여러분이 『선택한다는 착각』을 즐겼다면 이 책의 진가도 분명 알아볼 것이다. 이 책에서 나는 소비자의 결정에 영향을 미치는 행동 편향 25가지를 다뤘다. 행동 편향마다 학술적 증거와 함께 그 연구들이 상업 환경에서도 의미가 있는지 보여주기 위해 직접 수행한 실험들, 무엇보다 가장 중요한 실제 응용 방법들을 살펴본다.

『잘 팔리는 마법은 어떻게 일어날까?』
로리 서덜랜드, 2021년

로리 서덜랜드가 쓴 글은 모두 읽어볼 가치가 있다. 그는 독특하고 풍부한 상상력의 소유자로 여러분에게 익숙할 수 있는 편견이나 실험에 대해 논의할 때조차 색다른 해석으로 읽는 사람을 깜짝 놀라게 할 것이다. 읽기보다 듣기를 선호한다면 그가 고정으로 출연하는 팟캐스트 방송을 들어보자.

『뇌과학 마케팅: 인간의 소비욕망은 어떻게 만들어지는가』
매트 존슨·프린스 구먼, 2021년

일반 독자들을 대상으로 쓰인 행동과학 책은 매우 많이 나와 있다. 마케팅에서 뇌과학의 중요성을 보여주는 이 책은 특히 흥미롭다.

『슈퍼 해빗』
케이티 밀크먼, 2022년

밀크먼은 행동 변화 분야의 최고 권위자 중 한 사람이다. 우리는 이 책 『선택한다는 착각』의 첫 장에서 그녀가 연구한 새로운 시작 효과에 관해 다루었다.

『아주 작은 습관의 힘: 최고의 변화는 어떻게 만들어지는가』
제임스 클리어, 2019년

습관에 관한 최고의 책. 전문적 관점과 개인적 관점의 측면에서 모두 가치 있는 이야기와 연구가 멋지게 조합을 이루고 있다. jamesclear.com/에서 그가 쓴 다른 글들을 읽을 수 있다.

『가격은 없다』
윌리엄 파운드스톤, 2011년

사실은 『어떻게 팔지 답답할 때 읽는 마케팅 책』의 뒷부분에서 이미 추천한 책이다. 여기서 또 언급하는 게 요령을 피우는 것으로 보인다면 사과드린다. 하지만 가격 정책과 관련해서 파운드스톤의 책만큼 흥미롭고 유익한 정보를 담은 책이 없기도 하다.

『순간의 힘: 평범한 순간을 결정적 기회로 바꾸는 경험 설계의 기술』
칩 히스·댄 히스, 2018년

히스 형제는 심리학에서 출발한 아이디어를 비즈니스에 적용하는 방법에 관한 훌륭한 책을 여러 권 썼다. 그들은 전작 『스틱!Make it Stick』에서는 사람들의 기억에 남는 의사소통 기술을 연구했다. 『스틱!』도 물론 훌륭한 책이지만 『순간의 힘』은 다른 심리학 도서와 중복되는 내용이 적고, 『선택한다는 착각』을 쓰면서도 많은 부분을 참고했다는 점에서 추천하고 싶다.

『모두 거짓말을 한다: 구글 트렌드로 밝혀낸 충격적인 인간의 욕망』
세스 스티븐스-다비도위츠, 2022년

개인적으로 2017년(원서 출간 기준) 최고의 책. 이 책은 행동과학의 주요 주제 중 하나를 다루고 있다. 바로 사람들이 실제로 하는 행동을 이해하려면 그들이 말하는 이유를 믿으면 안 된다는 이야기

다. 게다가 그는 설문조사와 포커스 그룹의 위험성을 지적하는 데
그치지 않고 검색량 분석을 대안 전략으로 제시한다.

감사의 말

이 책은 지난 5년간 행해진 연구 결과를 바탕으로 쓰였다. 그동안 많은 사람의 도움을 받았다. 처음 1년 동안 로렌 리크-스미스Lauren Leak-Smith는 내게 아주 귀중한 도움을 주었다. 그 이후 조애나 스탠리는 이 책에 포함할 연구를 선별하는 일에 부단한 노력을 기울였고 핵심이 되는 연구 결과들을 분석했다. 그녀가 없었다면 이 책은 세상에 나올 수 없었을 것이다.

이 책을 실제로 집필하는 데에는 그리 오랜 시간이 걸리지 않았지만, 마찬가지로 많은 이들의 도움을 받았다. 닉 플레처Nick Fletcher, 크레이그 피어스Craig Pearce, 크리스 파커Chris Parker는 편집과 디자인에 관한 훌륭한 조언을 해주었다.

마지막으로 우리 가족.

우리 아이들, 애나Anna와 톰Tom은 내게 넘치는 격려를 보내주었다. 그리고 무엇보다도 뛰어난 카피라이터이자 내 아내인 제인Jane은 이 책의 톤과 전반적인 방향을 설정하는 데 도움을 주었다.

참고 문헌

1장

- 'Habits in Everyday Life: Thought, Emotion, and Action' by Wendy Wood, Jeffrey Quinn and Deborah Kashy [Journal of Personality and Social Psychology, Vol. 83, No. 6, pp. 1281-1297, 2002]
- 'The Fresh Start Effect: Temporal Landmarks Motivate Aspirational Behaviour' by Hengchen Dai, Katherine Milkman and Jason Riis [Management Science, Vol. 60, No. 10, pp. 2563-2582, 2014]
- 'Put Your Imperfections behind You: Temporal Landmarks Spur Goal Initiation When They Signal New Beginnings' by Hengchen Dai, Katherine Milkman and Jason Riis [Psychological Science, Vol. 26, No. 12, pp. 1927-1936, 2015]
- 'Combining motivational and volitional interventions to promote exercise participation: Protection motivation theory and implementation intentions' by Sarah Milne, Sheina Orbell and Paschal Sheeran [British Journal of Health Psychology, Vol. 7, No. 2, pp. 163-184, 2002]
- 'Forming a flossing habit: An exploratory study of the psychological determinants of habit formation' by Gaby Judah, Benjamin Gardner and Robert Aunger [British Journal of Health Psychology, Vol. 18, No. 2, pp. 338–353, 2013]
- 'Reminders through Association', by Todd Rogers and Katherine Milkman [Psychological Science, Vol. 27, No. 7, pp. 973-86, 2016]
- 'The Benefits of Specificity and Flexibility on Goal-Directed Behaviour over Time' by Aneesh Rai, Marissa Sharif, Edward Chang, Katherine Milkman

and Angela Duckworth [Working Paper, 2020]
- 'Temporal Reframing and Participation in a Savings Program: A Field Experiment' by Hal Hershfield, Stephen Shu and Shlomo Benartzi [Marketing Science, Vol. 39, No. 6, pp. 1033-1201, 2020]
- 'The 100 Most Eminent Psychologists of the 20th Century' by Steven Haggbloom, Renee Warnick, Jason Warnick, Vinessa Jones, Gary Yarbrough, Tenea Russell and Emmanuelle Monte [Review of General Psychology, Vol. 6, No. 2, pp. 139-152, 2002]
- 'The Motivating-Uncertainty Effect: Uncertainty Increases Resource Investment in the Process of Reward Pursuit' by Luxi Shen, Ayelet Fishbach and Christopher Hsee [Journal of Consumer Research, Vol. 41, No. 5, pp. 1301-1315, 2015]
- 'How are habits formed: Modeling habit formation in the real world' by Phillipa Lally, Cornelia van Jaarsveld, Henry Potts and Jane Wardle [European Journal of Social Psychology, Vol. 40, No. 6, pp. 998-1009, 2009]

2장

- 'Release the brake to combat climate change' by Tim Harford [Financial Times, 28 February 2020]
- 'How to Launch a Behavior-Change Revolution' [Ep. 306] by Stephen J. Dubner (with Daniel Kahneman)
- 'The Impact of Defaults on Technology Adoption, and Its Underappreciation by Policymakers' by Peter Bergman and Todd Rogers [CESifo Working Paper Series, No. 6721, 2017]
- 'Compliance without pressure: The foot-in-the-door technique' by Jonathan Freedman and Scott Fraser [Journal of Personality and Social Psychology, Vol. 4, No. 2, pp. 195-202, 1966]
- 'When choice is demotivating: Can one desire too much of a good thing?' by Sheena Iyengar and Mark Lepper [Journal of Personality and Social Psychology, Vol. 79, No. 6, pp. 995-1006, 2000]
- 'Choice overload: A conceptual review and meta-analysis' by Alexander Chernev, Ulf Böckenholt and Joseph Goodman [Journal of Consumer

Psychology, Vol. 26, No. 2, pp. 333-358], 2015
- Don't Mess with Texas: The Story Behind the Legend by Tim McClure and Roy Spence [2006]
- 'Long Term Effect of Reduced Pack Sizes of Paracetamol on Poisoning Deaths and Liver Transplant Activity in England and Wales: Interrupted Time Series Analyses' by Keith Hawton, Sue Simkin, Sue Dodd, Phil Pocock, David Gunnell and Navneet Kapur [British Medical Journal, Vol. 23, 2013]

3장

- 'Reciprocal Concessions Procedure for Inducing Compliance: The Door-in-the-Face Technique' by Robert Cialdini, Joyce Vincent, Stephen Lewis, Jose Catalan, Diane Wheeler and Betty Lee Darby [Journal of Personality and Social Psychology, Vol. 31, No. 2 pp. 206-215, 1975]
- 'Gift Exchange in the Field' by Armin Falk [Econometrica, Vol. 75, No. 5, pp. 1501-1511, 2007]
- 'The IKEA E"ect: When Labor Leads to Love' by Michael Norton, Daniel Mochon and Dan Ariely [Journal of Consumer Psychology, Vol. 22, No. 3, pp. 453-460, 2012]
- 'Zen and the art of opening an iPhone box' by Tom Vanderbilt [1843 Magazine, July 2019]
- 'Assessing the Impact of Closure Type on Wine Ratings and Mood' by Charles Spence and Qian Wang [Beverages, Vol. 3, No. 4, pp. 52, 2017]
- 'Giving Firms an "E" for Effort: Consumer Responses to High-Effort Firms' by Andrea Morales [Journal of Consumer Research, Vol. 31, No. 4, pp. 806-812, 2005]
- 'The Labor Illusion: How Operational Transparency Increases Perceived Value' by Ryan Buell and Michael Norton [Management Science, Vol. 57, No. 9, pp. 1564-1579, 2011]
- 'Creating Reciprocal Value Through Operational Transparency' by Ryan Buell, Tami Kim and Chia-Jung Tsay [Management Science, Vol 63, No. 6, pp. 1657-2048, 2017]

4장

- 'The generation e"ect: Delineation of a phenomenon' by Norman Slamecka and Peter Graf [Journal of Experimental Psychology: Human Learning and Memory, Vol. 4, No. 6, 592-604, 1978
- 'Answering Questions about Questions: A Persuasion Knowledge Perspective for Understanding the Effects of Rhetorical Questions' by Rohini Ahluwalia and Robert Burnkrant [Journal of Consumer Research, Vol. 31, No. 1, pp. 26-42, 2004]
- 'How to Persuade People to Change Their Behaviour' by Jonah Berger [Harvard Business Review, April 20, 2020]
- 'Fortune Favors the Bold (and the Italicized): Effects of Disfluency on Educational Outcomes' by Daniel Oppenheimer, Connor Diemand-Yauman and Erikka Vaughan [Cognition, Vol. 118, No. 1, pp. 111-115, 2011]

5장

- 'Birds of a feather flock conjointly (?): Rhyme as reason in aphorisms' by Matthew McGlone and Jessica Tofighbakhsh [Psychological Science, Vol. 11, No. 5, pp. 424-428, 2000]
- 'Rhyme as reason in commercial and social advertising' by Petra Filkuková and Sven Hroar Klempe [Scandinavian Journal of Psychology, Vol. 54, No. 5, pp. 423-431, 2013]
- 『Skin In the Game: Hidden Asymmetries in Daily Life』, Nassim Nicholas Taleb [2018]
- 'If it's difficult to pronounce, it must be risky: Fluency, familiarity and risk perception' by Hyunjin Song and Norbert Schwarz [Psychological Science, Vol. 20, No. 1, pp. 135-138, 2009]
- 'If it's hard to read, it's hard to do: Processing Fluency affects effect prediction and motivation' by Hyunjin Song and Norbert Schwarz [Psychological Science, Vol. 19, No. 10, pp. 986-988, 2008]

6장

- 'Replication and Analysis of Ebbinghaus' Forgetting Curve' by Jaap Murre

and Jorei Dros [PLoS ONE, Vol. 10, No. 7, 2015]
- 'Recall of meaningful phrases' by Ian Begg [Journal of Verbal Learning and
- Verbal Behaviour, Vol. 11, No. 4, pp. 431-439, 1972]
- 「Made to Stick: Why Some Ideas Survive and Others Die」, Chip Heath, Dan Heath, [2007]
- 'The "Visual Depiction Effect" in Advertising: Facilitating Embodied Mental Simulation through Product Orientation' by Ryan Elder and Aradhna Krishna [Journal of Consumer Research, Vol, 38, No. 6, pp. 998-1003, 2012]
- 'Consequences of Erudite Vernacular Utilized Irrespective of Necessity: Problems with Using Long Words Needlessly' by Daniel Oppenheimer [Applied Cognitive Psychology, Vol. 20, No. 2, pp. 139-156, 2006]
- 'Sympathy and callousness: The impact of deliberative thought on donations to identifiable and statistical victims' by Deborah Small, George Loewenstein and Paul Slovic [Organizational Behavior and Human Decision Processes, Vol, 102, No. 2, pp. 143-153, 2007]

6½장

- 'It Seems Factual, But Is It? Effects of Using Sharp versus Round Numbers in Advertising Claims' by Robert Schindler and Richard Yalch [Advances in Consumer Research, Vol. 33, pp. 586-590, 2006]
- 'Precision of the Anchor Influences the Amount of Adjustment' by Chris Janiszewski and Dan Uy [Psychological Science, Vol. 19, No. 2, pp. 121-127, 2008]

보너스장

- 'When More is Less: The Impact of Base Value Neglect on Consumer Preferences for Bonus Packs Over Price Discounts' by Haipeng (Allan) Chen, Howard Marmorstein, Michael Tsiros & Akshay Rao [Journal of Marketing, Vol. 76. No. 4, pp. 64-77, 2012]

7장

- 'A meta-analysis of extremeness aversion' by Nico Neumann, Ulf Böckenholt and Ashish Sinha [Journal of Consumer Psychology, Vol. 26, No. 2, pp. 193-212, 2015]
- 'Behavioural Science: What does it mean for B2B marketers by The Marketing Practice and Richard Shotton [2018] 다음 웹사이트에 검색 가능: https://25865525.fs1.hubspotusercontent-eu1.net/hubfs/25865525/Blogs/Reports/Behavioural-Science-for-B2B-marketers-TMP-research.pdf
- 'The influence of Price Presentation Order on Consumer Choice' by Kwanho Suk, Jiheon Lee and Donald Lichenstein [Journal of Marketing Research, Vol. 49, No. 5, pp. 708-717, 2012]
- 'Adding Asymmetrically Dominated Alternatives: Violations of Regularity and the Similarity Hypothesis' by Joel Huber, John W Payne and Christopher Puto [Journal of Consumer Research, Vol. 9, No. 1, pp. 90-98, 1982]
- 'The Attraction Effect in Decision Making: Superior Performance by Older Adults' by Sunghan Kim and Lynn Hasher [Quarterly Journal of Experimental Psychology, Vol. 58, No. 1, pp. 120-133, 2005]

8장

- 'Conflict between intuitive and rational processing: When people behave against their better judgment' by Veronika Denes-Raj and Seymour Epstein [Journal of Personality and Social Psychology, Vol. 66, No. 5, pp. 819-829, 1994]
- 'Amount off vs percentage off – when does it matter?' by Eva Gonzáles, Eduardo Esteva, Anne L. Roggeveen and Dhruv Grewal [Journal of Business Research, Vol. 69, No. 3, pp. 1022-1027, 2016]
- 'When Two Plus Two Is Not Equal to Four: Errors in Processing Multiple Percentage Changes' by Akshay Rao and Haipeng Chen [Journal of Consumer Research, Vol. 34, No. 3, pp. 327-340, 2007]
- 'The Illusion of Double-Discount: Using Reference Points in Promotion Framing' by Han Gong, Jianxiong Huang and Kim Huat Goh [Journal of

Consumer Psychology, Vol. 29, No. 3, pp. 483-491, 2019]
- 'Reframing the Discount as a Comparison against the Sale Price: Does it Make the Discount More Attractive?' by Abhijit Guha, Abhijit Biswas, Dhruv Grewal, Swati Verma, Somak Banerjee and Jens Nordfält [Journal of Marketing Research, Vol. 55, No. 3, pp. 339-351, 2016]
- 'Size Does Matter: The Effects of Magnitude Representation Congruency on Price Perceptions and Purchase Likelihood' by Keith Coulter and Robin Coulter [Journal of Consumer Psychology, Vol. 15, No. 1, pp. 64-76, 2005]

9장

- 《The Behavioural Science Annual 2018-2019》 by Ogilvy Change [2019] 다음 웹사이트에 검색 가능: www.ogilvyconsulting.com/wp-content/uploads/2019/07/Ogilvy-TheAnnual.pdf
- 'The in(uence of in-store music on wine selections' by Adrian North, David Hargreaves and Jennifer McKendrick [Journal of Applied Psychology, Vol. 84, No. 2, 1999]
- 'Do consumers prefer round prices? Evidence from pay-what-you-want decisions and self-pumped gasoline purchases' by Michael Lynn, Sean Masaki Flynn and Chelsea Helion [Journal of Economic Psychology, Vol. 36, pp. 96-102, 2013]

10장

- 'How consumers are affected by the framing of attribute information before and after consuming the product' by Irwin Levin and Gary Gaeth [Journal of Consumer Research, Vol. 15, No. 3, pp. 374-378, 1998]
- 'Reconstruction of automobile destruction: An example of the interaction between language and memory' by Elizabeth Loftus and John Palmer [Journal of Verbal Learning & Verbal Behavior, Vol. 13, No. 5, pp. 585-589, 1974]
- 'Using social cognition and persuasion to promote energy conservation: A quasi-experiment' by Marti Hope Gonzales, Elliot Aronson and Mark A. Costanzo [Journal of Applied Social Psychology, Vol. 18, No. 12, Pt 2, pp.

1049-1066, 1988]
- 'Motivating voter turnout by invoking the self' by Christopher Bryan, Gregory Walton, Todd Rogers and Carol Dweck [Proceedings of the National Academy of Sciences of the United States of America, Vol. 108, No. 31, pp. 12653-12656, 2011]
- 'Out-of-stock, sold out, or unavailable? Framing a product outage in online retailing' by Robert Peterson, Yeolib Kim and Jaeseok Jeong [Marketing Letters, Vol. 37, No. 3, pp. 428-440, 2019]

11장

- 'An experimental analysis of ultimatum bargaining' by Werner Guth, Rolf Schmittberger and Bernd Schwarze [Journal of Economic Behaviour & Organisation, Vol. 3, No. 4, pp. 367-388, 1982]
- 'Raising the stakes in the ultimatum game: Experimental evidence from Indonesia' by Lisa Cameron [Economic Enquiry, Vol. 37, No. 1, pp. 47-59, 1999]
- 'Monkeys reject unequal pay' by Frans de Waal and Susan Brosnan [Nature, Vol. 425, No. 6955, pp. 297-299, 2003]
- 'The inconsistent evaluation of absolute versus comparative payoffs in labor supply and bargaining' by Sally Blount and Max Bazerman [Journal of Economic Behaviour & Organisation, Vol. 30, No. 2, pp. 227-240, 1996]
- 'Fairness as a Constraint on Profit Seeking: Entitlements in the Market' by Daniel Kahneman, Jack L. Knetsch and Richard Thaler [The American Economic Review, Vol. 76, No. 4, pp. 728-741, 1986]
- 'The mindlessness of ostensibly thoughtful action: The role of "placebic" information in interpersonal interaction' by Ellen Langer, Arthur Blank and Benzion Chanowitz [Journal of Personality and Social Psychology, Vol. 36, No. 6, pp. 635-642, 1978]
- 'Mental Accounting and Consumer Choice' by Richard Thaler [Marketing Science, Vol. 4, No. 3, pp. 199-214, 1985]
- 'Effects of eye images on everyday cooperative behaviour: A field experiment' by Max Earnest Jones, Melissa Bateson and Daniel Nettle

[Evolution and Human Behaviour, Vol. 32, No. 3, pp. 172-178, 2011]
- 'Do "watching eyes" influence antisocial behaviour? A systematic review & meta-analysis' by Keith Dear, Kevin Dutton and Elaine Fox [Evolution and Human Behaviour, Vol. 40, No. 3, pp. 269-280, 2019]

12장

- 'American Graffiti: Effects of Authority and Reactance Arousal' by James Pennebaker and Deborah Yates Sanders [Personality and Social Psychology Bulletin, Vol. 2, No. 3, pp. 264-267, 1976]
- 'Just do it! Why committed consumers react negatively to assertive ads' by Yael Zemack-Rugar, Sarah Moore and Gavan Fitzsimons [Journal of Consumer Psychology, Vol. 27, No. 3, pp. 287-301, 2017]
- 'Culture, Self and the Emergence of Reactance: Is there a "Universal" Freedom?' by Eva Jonas, Verena Graupmann, Daniela Niesta Kayser, Mark Zanna, Eva Traut-Mattausch and Dieter Frey [Journal of Experimental Social Psychology, Vol. 45, No. 5, pp. 1068-1080, 2009]
- 'Evocation of freedom and compliance: The "but you are free of…" technique' by Nicolas Guéguen and Alexandre Pascual [Current Research in Social Psychology, Vol. 5, pp. 264-270, 2000]
- 'A Meta-Analysis of the Effectiveness of the "But You Are Free" Compliance Gaining Techniques' by Christopher Carpenter [Communication Studies, Vol. 64, No. 1, pp. 6-17, 2013]
- 'Eliciting Taxpayer Preferences Increases Tax Compliance' by Cait Lamberton, Jan-Emmanuel De Neve and Michael Norton [SSRN, 2014]
- 'Reactance versus rationalization: divergent responses to policies that constrain freedom' by Kristin Laurin, Aaron Kay and Gavan Fitzsimons [Psychological Science, Vol. 23, No. 2, pp. 205-209, 2012]

13장

- 'Effects of group pressure upon the modification and distortion of judgments' by Solomon Asch, in H. Guetzkow (Eds.), Groups, leadership and men; research in human relations (pp. 177-190, 1951)

- 'The Red Sneakers Effect: Inferring Status and Competence from Signals of Nonconformity' by Silvia Bellezza, Francesca Gino and Anat Keinan [Journal of Consumer Research, Vol. 41, No. 1, pp. 35-54, 2014]
- Behavioural Science: What does it mean for B2B marketers by The Marketing Practice and Richard Shotton [2018] 다음 웹사이트에 검색 가능: https://25865525.fs1.hubspotusercontent-eu1.net/hubfs/25865525/Blogs/Reports/Behavioural-Science-for-B2B-marketers-TMP-research.pdf
- 'Behind bars but above the bar: Prisoners consider themselves more prosocial than non-prisoners' by Constantine Sedikides, Rosie Meek, Mark Alicke and Sarah Taylor [British Journal of Social Psychology, Vol. 53, No. 3, pp. 396-403, 2013]

14장

- 'A constant error in psychological ratings' by Edward !orndike [Journal of Applied Psychology, Vol. 4, No. 1, pp. 25-29, 1920]
- 'The halo effect: Evidence for unconscious alteration of judgments' by Richard Nisbett and Timothy Wilson [Journal of Personality and Social Psychology, Vol. 35, No. 4, pp. 250-256, 1977]
- 'Some characteristics of intrajudge trait intercorrelations' by Barbara Koltuv [Psychological Monographs: General and Applied, Vol. 76, No. 33, pp. 1-33, 1962]
- 'Halo Effects and Location Preferences' by William James and Forest Carter [Advances in Consumer Research, Vol. 5, No. 1, pp. 474-476, 1978]
- 『The Halo Effect: the Eight Other Business Delusions that Deceive Managers』, Phil Rosenzweig [2007]
- 'The role of interpersonal liking in building trust in long-term channel relationships' by Carolyn Nicholson, Larry Compeau and Rajesh Sethi [Journal of the Academy of Marketing Science, Vol. 29, No. 3, pp. 3-15, 2001]
- 'Voters vote beautiful: the effect of physical appearance on a national election' by Michael Efran and E. W. J. Patterson [Canadian Journal of Behavioural Science, Vol. 6, No. 4, pp. 352-356, 1976]
- 'What is beautiful is good' by Karen Dion, Ellen Berscheid and Elaine

Walster [Journal of Personality and Social Psychology, Vol. 24, No. 3, pp. 285-290, 1972]
- 'Beauty is talent: Task evaluation as a function of the performer's physical attractiveness' by Harold Sigove and David Landy [Journal of Personality and Social Psychology, Vol. 29, No. 3, pp. 299-304, 1974]

15장

- 'The Effects of a Joke on Tipping When It Is Delivered at the Same Time as the Bill' by Nicolas Guéguen [Journal of Applied Social Psychology, Vol. 32, No. 9 pp. 1955-1963, 2002]
- 'The "Strategic Sparks" Behind the 2022 Kantar Creative Effectiveness Award Winners' Kantar New Zealand ww.kantarnewzealand.com/the-strategic-sparks-behind-the-2022-kantar-creative-effectiveness-award-winners
- 'The Effect of Humor on Short-term Memory in Older Adults: A New Component for Whole-Person Wellness' by Gurinder Singh Bains, Lee Berk, Noha Daher, Everett Lohman, Ernie Schwab, Jerrold Petrofsky and Pooja Deshpande [Loma Linda University Electronic Theses, Dissertations & Projects, 207, 2014]
- 'Teaching and Learning with Humor' by Avner Ziv [The Journal of Experimental Education, Vol. 57, No. 1, pp. 4-15, 2014]
- 'Risky business: When humor increases and decreases status' by T. Bradford Bitterly, Alison Wood Brooks and Maurice E. Schweitzer [Journal of Personality and Social Psychology, Vol. 112, No. 3, pp. 431-455, 2017]
- 'How humor in advertising works: A meta-analytic test of alternative models' by Martin Eisend [Marketing Letters, Vol. 22, No. 2, pp. 115-132, 2011]
- 'The Ostrich Effect: Selective Attention to Information' by Niklas Carlsson, George Loewenstein and Duane Seppi [Journal of Risk and Uncertainty, Vol. 38, No. 2, pp. 95-115, 2009]
- 「Look Out: The Advertising Guide for a World That's Turning Inwards」 by Orlando Wood [2021]

- Dumb Ways to Die by Melbourne Metro www.dumbwaystodie.com.
- 'Humor in Advertising: The Moderating Role of Prior Brand Evaluation' by Amitava Chattopadhyay and Kunal Basu [Journal of Marketing Research, Vol. 27, No. 4 pp. 466-476, 1990]
- 'Relationships among a"ective and cognitive factors in humor' by Frank Wicker, Irene Thorelli, William Barron and Marguerite Ponder [Journal of Research in Personality, Vol. 15, No. 3, pp. 359-370, 1981]
- 'Should I use humor in advertising?' by Millward Brown [2007]

16장

- 'Memories of colonoscopy: a randomised trial' by Donald Redelmeier, Joel Katz and Daniel Kahneman [Pain, Vol. 104, No. 1, pp. 187-194, 2003]
- 'When more pain is preferred to less: Adding a better end' by Donald Redelmeier, Barbara Fredrickson and Charles Schreiber [Psychological Science, Vol. 4, No. 6, pp. 401-405, 1993]
- 'Evaluations of pleasurable experiences: The peak–end rule' by Amy Do, Alexander Rupert and George Wolford [Psychonomic Bulletin & Review, Vol. 15, No. 1, pp. 96-98, 2008]
- 'The attention-grabbing power of negative social information' by Felicia Pratto and Oliver John [Journal of Personality and Social Psychology, Vol. 61, No. 3, pp. 380-391, 1991]
- 'Motivational aspects of attitudinal elements and their place in cognitive interaction' by Shel Feldman. In S. Feldman (Ed.), Cognitive consistency. [New York: Academic Press, pp. 75-108, 1966]
- 'Bad is Stronger than Good' by Roy Baumeister, Ellen Bratslavsky, Catrin Finkenauer and Kathleen Vohs [Review of General Psychology, Vol. 5, No. 4, pp. 323-27, 2001]
- 『The Power of Moments』 by Chip Heath, Dan Heath [2017]
- 'The Effect of Predictability on Subjective Duration' by Vani Pariyadath and David Eagleman [PLoS ONE, Vol. 2, No. 27, e1264, 2007]

선택한다는 착각

1판 1쇄 인쇄 2023년 8월 28일
1판 1쇄 발행 2023년 9월 6일

지은이 리처드 쇼튼
옮긴이 이애리
펴낸이 김기옥

경제경영팀장 모민원
기획 편집 변호이 박지선
마케팅 박진모
경영지원 고광현 임민진
제작 김형식

표지 디자인 MALLYBOOK
본문 디자인 푸른나무디자인
인쇄·제본 민언프린텍

펴낸곳 한스미디어(한즈미디어(주))
주소 04037 서울시 마포구 양화로 11길 13(서교동, 강원빌딩 5층)
전화 02-707-0337 | **팩스** 02-707-0198 | **홈페이지** www.hansmedia.com
출판신고번호 제 313-2003-227호 | **신고일자** 2003년 6월 25일

ISBN 979-11-6007-953-1 (03320)